『実利論』

古代インド「最強の戦略書」

笠井亮平

文春新書

1485

『実利論』 古代インド「最強の戦略書」◎目次

【凡例】

・『実利論』の引用に当たっては、カウティリヤ（上村勝彦訳）『実利論　古代インドの帝王学（上下）』岩波書店（岩波文庫）、一九八四年にもとづいた。〔　〕は上村による注である。上村の邦訳とは別に、R・P・カングレーによる英訳も適宜参照した。

・『実利論』の引用箇所は、（巻─章─詩節）で示した。たとえば、第一巻第九章第一〇詩節の場合、（一─九─一〇）となる。

・引用部分で著者（笠井）による注は（引用者注：）として示した。

・『実利論』の中には現代からすると差別的ないし残虐に感じられる部分もあるが、歴史的な史料であることに鑑み、原文の内容を尊重した。

序章　マックス・ウェーバーとキッシンジャーを唸らせた『実利論』

わたしが『実利論』について初めて知ったのは、二〇年ほど前のことだ。古代インドにおける統治の要諦を記した古典で、原典はサンスクリット語で記されたものだという。この書の「著者」として名前が挙げられているのは、カウティリヤなる人物だ。紀元前三一七年頃に成立したマウリヤ朝で、宰相としてチャンドラグプタ王を補佐したと伝えられる。マウリヤ朝といえば、インド史上はじめて国家統一を成し遂げた王朝である。それまでインド亜大陸の各地には小王国が点在していたが、それを統べてひとつの帝国を築き上げるのは、並大抵のことではない。その大事業の立役者となった人物の手になる書と聞けば、関心が湧かないわけがない。

『実利論』が紹介される際に必ずと言って良いほど言及される、有名な西洋の学者による評がある。以下にその部分を引用しよう。

「インドの倫理では、政治の固有法則にもっぱら従うどころか、これをとことんまで強調した――まったく仮借ない――統治技術の見方が可能となった。本当にラディカルな『マキァヴェリズム』――通俗的な意味での――はインドの文献の中では、カウティルヤの『実利論《アルタシャーストラ》』（これはキリストよりはるか以前のチャンドラグプタ時代の作といわれる）に典型的に現われている。これに比べればマキャヴェリの『君主論』などたわいのないものである」（脇圭平訳）

ルネサンス期の政治思想家マキャヴェリ。その現実主義はしばしば「目的のためには手段を選ばない」と極論される ©WIKIMEDIA COMMONS

こう記したのは、ドイツの社会学者、マックス・ウェーバーである。この言及は『職業としての政治』に出てくるものだが、同書が刊行されたのは一九一九年のことである（右記引用は岩波文庫版から）。いまから一世紀以上前のヨーロッパでもこの書の存在が知られていたことがわかる。ウェーバーの評もあってか、著者とされるカウティリヤも「インドのマキャベリ」や「インドのビスマルク」と呼ばれることもしばしばだ。それにしても、ウェーバーが権謀術数のかぎりを尽くす『君主論』を「たわいのないもの」と言い切るほどの『実利論』なのだから、よほど冷徹な内容にちがいない——わたしはそう感じた。

ウェーバーから約一世紀近くを経た後、アメリカでも『実利論』に注目した知の巨人がいた。彼はウェーバーの『実利論』評にも言及しながら、次のように論じている。

「カウティリヤはマキアヴェリとはちがい、よりよい時代の美徳への感傷を示さなかった。カウティリヤが認める美徳の基準はただひとつ、勝利への道についての自分の分析が正確かどうかということだけだった」

「カウティリヤは、ヴェストファーレン平和条約（引用者注：近代国際関係の基盤となった条約。ウェストファリア条約とも呼ばれる）よりもはるか昔に、ヨーロッパの構造に匹敵するものをインドで築いた。恒久的に紛争をつづける可能性のある国の集合を、カウティリヤは描いている。マキアヴェリとおなじように、自分が目にした世界を分析し、行動の指針として規範ではなく実利を提案した」

「国土を強化し、拡大するには、地理、財政、軍事力、外交、諜報、法、農業、文化のしきたり、道徳、世論、噂、伝説、人間の悪徳と弱みを、賢明な王が——現代のオーケストラの指揮者が、自分が指揮する数多い楽器を整った音楽にまとめるように——ひとつの統一体にまとめる必要がある。いわばマキアヴェリとクラウゼヴィッツを組み合わせたような理論だった」（伏見威蕃訳）

これはヘンリー・キッシンジャーが二〇一四年に著した『国際秩序』（邦訳は二〇一六年）からの引用である。キッシンジャーと言えば、国際政治学者からニクソン大統領の国家安全保障担当補佐官となり、ヴェトナム戦争終結で中心的な役割を担い、フォード政権では国務長官を務めた超大物だ。二〇二三年に一〇〇歳で死去するまで、精力的に言論活動や海外訪問を行っていた。

本書で詳述するように、『実利論』で説かれる「マンダラ的世界観」は王（自国）を中心に置き、周辺諸国にどう接し、支配下に収めていくかを論じており、勢力均衡の信奉者として知られるキッシンジャーの考えとは必ずしも一致するものではない。その彼が多くの紙幅を割いて——上記引用も含め約六ページにわたる——論じているのは、『実利論』

に否が応でも注目したくなる魅力があることの証左だと言える。

ウェーバーを唸らせ、キッシンジャーの興味をこれでもかと引きつけた『実利論』。この書は原題を『アルタシャーストラ（*Arthashastra*）』という。「アルタ（artha）」はサンスクリット語で「実利」を意味する。古代インドでは、「法、理想」を意味する「ダルマ（dharma）」、「享楽」を意味する「カーマ（kama）」、そして「アルタ」が人生の三大目的とされてきた。これを「トリヴァルガ（trivarga）」と言う。その中でもっとも重要なのが「アルタ」とされる。「シャーストラ（shastra）」は「論」の意味なので、『実利論』というタイトルは「アルタシャーストラ」をそのまま訳したものになる。

ありがたいことに、この書物は日本語で読むことができる。『実利論　古代インドの帝王学（上下）』として、一九八四年に岩波文庫から初版が刊行された（後述するが、戦時中の一九四四年にも別の邦訳が刊行されている）。訳者はインド哲学やサンスクリット文学が専門で東京大学教授を務めた上村《かみむら》勝彦氏である（二〇〇三年没）。わたしがはじめて『実利論』の内容に触れたのも、この上村訳である。なお、本書で『実利論』の本文を引用する場合は、基本的に同書にもとづく。

上巻四六一ページ、下巻四四八ページ、合計すると九〇〇ページ超というボリュームだけに、さすがに気軽に読めるものではない。しかし、いざ読み始めると、その豊穣な中身と、全編を貫く徹底したリアリズムにわたしは衝撃を受けた。統治者の視点から、いかに臣下をコントロールするか、腐敗を防止するか、罪を犯した者をいかに罰するかといった施政のあり方から、詳細な行政の機関、外交戦略と戦争、さらにはスパイの活用にまで言及している。さながら、あらゆる分野を網羅した古代インドの統治マニュアルのようだ。

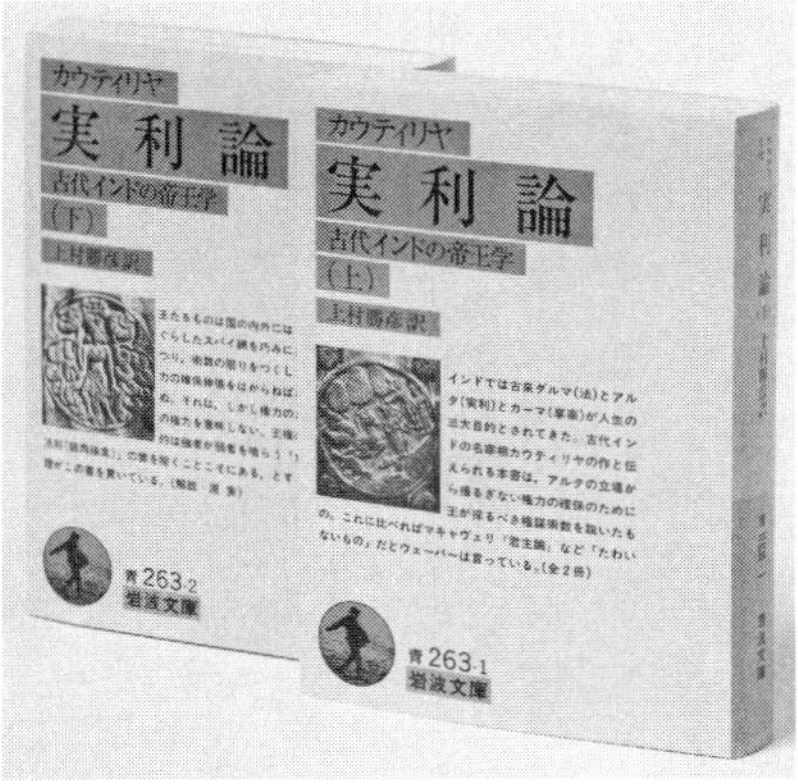

2024 年 8 月に重版が再開された岩波文庫版。直前まで古本に高価な値がついていた

いまから二〇〇〇年以上前、紀元前のインドという広大な領域を支配した統一国家樹立のノウハウの数々に、わたしは驚かずにはいられなかった。個別に聞き慣れない用語や背景が登場するものの、上村氏の卓越した翻訳もあって、個々の文章もけっして読みにくくはない。

と書くと、こう思う読者もいるだろう――『実利論』について知りたければ、この邦訳を読めば良いのではないか、と。たしかにそれはそうだ。しかし、そう簡単にはいかない。ひとつはボリュームである。岩波文庫版は前述したとおりだし、各種英語版はだいたい一巻本だが、ちょっとした辞書並みの分厚さになる。しかも図版等はいっさいなく、最初から最後までひたすら文章がつづく。これを読み通すのは相当な忍耐力が求められる。

もうひとつは、時代背景についての理解だろう。「古代インド」と言われて、読者は何を思い浮かべるだろうか。もっとも知られているキーワードは、「インダス文明」にちがいない。乾いた大地にそびえ立つモエンジョ・ダーロの遺跡や神像といったイメージを思い浮かべるかもしれない。だが、ひとくちに古代インドと言っても、カバーする時間はかなり長い。インダス川流域に文明が栄えたのは、紀元前二六〇〇年頃から紀元前一八〇〇年頃までのことだ。仏教の創始者、釈迦（ゴータマ・シッダールタ）が活動していたのが紀元前六世紀頃。マウリヤ朝が成立するのはそこからさらに数百年後のことなのである。では当時のインドはどのような状況にあり、どうやってマウリヤ朝が成立したのか。それを成し遂げたチャンドラグプタ王、彼を宰相として補佐し、そのエッセンスを『実利論』に注いだとされるカウティリヤはいかなる人物だったのか。こうした部分を踏まえておかないと、せっかくのテキストが無味乾燥なものになってしまいかねない。

より根本的には、『実利論』を知ることで何が得られるのか、という点がある。実はわたし自身も同じ問題に直面したことがあった。『実利論』を一通り読んだのはいいが、そこで論じられている内容が持つ意味の深いところまでは実感できなかったというのが正直な気持ちだった。古代インドにおける統治の要諦、と言えばたしかにもっともらしく感じられる。だが、それだけでは何が重要なのか、いまひとつ伝わってこない。

こうした印象が変わり始めたのは、二〇〇八年から一〇年にかけてインドの首都デリーで勤務したときのことだった。わたしは在インド日本大使館で、専門調査員という、研究者が在外公館の職員として館務に従事するとともに研究・調査を担当するポストに就いていた。そのなかでインド側の大学やシンクタンクの研究者、政府関係者とインド外交や国際情勢をめぐり意見交換をしたり議論を交わしたりしていると、カウティリヤの名前や『実利論』の内容に言及されることが時々あった。とりわけ、自国を中心に置き、その周囲に円環が幾重にも広がる「マンダラ的世界観」が話題に上ることが多かった。たしかにその視点でインド外交を見直すと、腑に落ちる点が少なくないように感じられたのだ。

それをさらに強く実感することになったのは、この一〇年のことである。『実利論』からインド外交の真髄を読み取ろうとする研究プロジェクトが始まったのだ。主体となったのは、インドの防衛問題研究所（ＩＤＳＡ）（現在の名称は「マノーハル・パリカル防衛問題研究所」。略称はＭＰ−ＩＤＳＡ）。国防省傘下で、外交・安全保障問題に関してインドを代表するシンクタンクのひとつと位置づけられている。二〇一四年四月九日にはＩＤＳＡで「カウティリヤ国際セミナー」が開かれ、インドだけではなく多くの国々から研究者が集結し、『実利論』の中身と現代的意義について議論が行われた。翌一五年には続編となる国際セミナーが開催されたほか、同研究所から関連書籍も刊行されており、関心の高さがうかがえる。

インドの外交実務に携わる立場からも、『実利論』に言及されることが増えてきた。ＩＤＳＡの国際セミナーでは、当時国家安全保障担当補佐官（ＮＳＡ）を務めていたシヴシャンカル・メノン氏が基調演説を行い、『実利論』の重要性を強調していた。また、マンモーハン・シン政権期に外務次官のほか、原子力や気候変動担当特使を務めたシャム・サラン氏は、著書『*How India Sees the World*（インドは世界をどう見ているか）』〈未邦訳〉でカウティリヤについて論じている。「疑いなく、国家統治に関してインドでもっとも重要な書物である」というのがサラン氏の見立てだ。

とくれば、職業外交官からモディ首相によって外相に抜擢されたＳ・ジャイシャンカル氏も『実利論』に触れるのは至って自然なことと言えるだろう。同氏は初の著書『インド外交の流儀　先行き不透明な世界に向けた戦略』（*The India Way: Strategies for an Uncertain World*）（二〇二二年に拙訳で白水社より刊行）で、「インドの戦略思想、なかでももっとも特筆すべきカウティリヤによる『実利論』では、政治的問題にアプローチしていく際に、『連合、補償、武力、策略』が重要であることを強調している」と記している。また、二〇二四年一月に上梓された次著『*Why Bharat Matters*』（『インド外交の新た戦略なぜ「バーラト」が重要なのか〈仮題〉』（二〇二五年に拙訳で白水社より刊行予定））でも、『実利論』の名前こそ出していないものの、インドの「マンダラ的世界観」にもとづいた外交論を展開している。

もうひとつ興味深い現象がある。インドの書店に行くと、カウティリヤや『実利論』からビジネスや人生のヒントを読み取ろうとする本が増えてきているのだ。日本でも『「孫子の兵法」に学ぶビジネス成功の秘訣」といった類の本は少なくないが、それとよく似た傾向と言える。さらには『実利論』をどう活かすかについての青少年向けの本まで出ている。カウティリヤ自体はそれ以前からインドでは連続テレビドラマになるなど、人口に膾《かい》炙《しゃ》した存在なので、とっつきやすいのかもしれない。

インドでのこうした動きは、日本にも及んでいるようだ。二〇二三年に、なんとカウティリヤとチャンドラグプタを主人公としたコミックの連載が『ヤングマガジン』（講談社）で始まったのである。タイトルは『ラージャ』（「王」の意）。二〇二五年一月現在で連載をまとめた単行本も二巻刊行されている。これまでのところ『実利論』そのものは取り上げられていないが、古代インドで知勇をふるい覇権をめざす若き二人の活躍が描かれている。

こうした展開を踏まえ、本書では「そもそも『実利論』とは何なのか、何が記されているのか」という根本的な問いを掘り下げてみたい。「マンダラ外交論」から国内の統治、さらにはスパイの活用まで、具体的にはどういうことなのか。ほんとうに『君主論』が「たわいのないもの」と言えるほどなのか。『実利論』では戦争の戦い方に関しても多くの紙幅が割かれているが、『孫子』と比較するとどのような特徴を見出すことができるのか。

また、『実利論』は最近になってにわかに関心が高まったわけではない。実は、二〇世紀前半にこの書は一躍脚光を浴びた。それ以降、古代インドの統治における体制や理念、社会の状況を知る上で必須の文献と位置づけられてきた。インドには『マハーバーラタ』と『ラーマーヤナ』という二大叙事詩がある。これが物語を通じて今日までつづくインドの価値や感情といった観念を描いたものだとすれば、『実利論』は歴史書ではないものの、よりリアルな側面を克明に記したものだと言えるだろう。

これらを踏まえた上で、『実利論』というレンズを通して現代の国際情勢やインド外交を見たとき、どのような像が浮かび上がってくるのか。それは従来の一般的な見方と何が違うのか。さらには、われわれが汲み取れる教訓はあるのか。こうした問いについては本書の終盤で論じていく。

前述したように、『実利論』を理解するためには同書が描いた当時のインドの状況を把握しておくことが不可欠だ。著者とされるカウティリヤや彼が補佐したチャンドラグプタ王はいかなる人物だったのか。彼らが広大なインド亜大陸の大部分を統一するまでは、どのような王国が割拠し、その中でマウリヤ朝が勝ち抜けたのはなぜだったのか。まずは手はじめに、読者を『実利論』とカウティリヤに大きな関わりを持つ、二つの都市の物語に誘《いざな》うことにしよう。

第1章　古代インドと『実利論』の誕生

二つの都市の物語――タクシャシラーとパータリプトラ

二〇一二年の秋、わたしはタキシラを訪れた。かつて「タクシャシラー」と呼ばれ、古代インドにおける学術の中心地だった都市だ。一九四七年のインド・パキスタンの分離独立の結果、この地はパキスタン側のパンジャーブ州に属することになった。首都イスラマバードからの距離はおよそ三五キロメートル。このときわたしはそのイスラマバードにある在パキスタン日本大使館に勤務しており、車で二時間程度で行けるタキシラは訪れてみたい場所のひとつだった。一九八〇年にはユネスコの世界文化遺産にも登録されている。

「着きましたよ」と運転手が言い、車を止めた。そこはシルカップと呼ばれるタキシラ遺跡の一角で、石を積み重ねた遺構が整然と広がっていた。別の区画には、ダルマラージカー・ストゥーパがあった。マウリヤ朝時代に築かれた仏塔だ。現在は基部だけに石壁が残っており、上部は土がむき出しになっている。ストゥーパを取り囲むように石の遺構が並んでいた。

タキシラはマウリヤ朝の中でも重要な存在だった。第三代国王のアショーカが仏教に深く帰依したことで、各地に教えが広まった。その中でタキシラは仏教の拠点となったのである。その後、マウリヤ朝は紀元前一八〇年頃に滅亡するのだが、最後の王ブリハドラタが臣下に暗殺されたのもこのタキシラだったのである。

カウティリヤの出身地には諸説あるが、そのうちのひとつはこのタキシラとしている。そしてこの地にあった当時の高等教育機関――「タキシラ大学」とも呼ばれる――で教鞭をとっていたという。そんな古《いにしえ》の情景を想像しながら遺跡を眺めていたと言いたいところだが、実はそのとき、わたしの中でカウティリヤとタキシラはつながっていなかった。仏教がメインの遺跡という印象が強かったのも影響していたのかもしれない。実際、タキシラ博物館も見学したが、カウティリヤの存在を示すものはなかったように記憶している。

カウティリヤのことを意識したのは、数年後、タキシラから東に約一五〇〇キロ離れたパトナーを訪ねたときのことだった。そのときわたしは、戦前に日本で生まれたインド人女性のライフストーリーを一冊の本としてまとめるべく、取材や研究を続けていた。あるとき彼女が親族とともに、一家の地元に近いパトナーに滞在していると教えてもらい、会いに行くために足を運んだのだった。

パトナーはインド東部ビハール州の州都で、近くをガンジス河が流れている。人口一六八万人を超える大都市だ。とはいうものの、首都のデリーや商都ムンバイ、ＩＴ産業を中心に躍進著しいベンガルールやハイデラバードと比べると、正直なところ地味と言わざるを得ない。ビハールもインドの中では貧困州として認識されている。ただ、JICAの協力でパトナー市内にメトロの建設が進んでおり、発展のポテンシャルはある。

そんなパトナーだが、いまから約二三〇〇年前、この地はインドの中心地だった。当時の名をパータリプトラという。はじまりは紀元前五世紀頃。この地域を支配していたマガダ国が城塞を築き、ガンジス河とソン川の合流点に近いという地の利もあり、のちに都が移されるまでになった。ナンダ朝、それをチャンドラグプタとカウティィリヤが倒した後に築いたマウリヤ朝では王都となり、繁栄した。マウリヤ朝はインドを統一したわけだから、パータリプトラは帝国の中心地だったのである。

だが、今日のパトナーに往時の栄華を感じさせるものはほとんど残っていない。宮殿や寺院、陵墓のようなものは見当たらない。市内にいまは公園として整備されている場所があり、そこにわずかな遺跡がある程度だ。パータリプトラはグプタ朝（紀元四〜六世紀）の王都だったのを最後に放棄された。その後人びとの記憶からは遠ざかり、本格的な場所の特定や発掘作業が始まったのは、一〇〇〇年以上を経た一九世紀後半のことだった。

それでも、かつてこの地に幾多の王朝が栄え、チャンドラグプタがカウティィリヤの補佐を受けながら覇を唱えたことに思いを馳せると、感慨深いものがあった。彼らが生まれた頃、北インドでは、西はインダス川、そして東西を流れるガンジス河沿いに数々の国があった。世界史に記される、外敵の侵入があったのもその頃である。そうした群雄割拠の中からチャンドラグプタとカウティリヤはどうやって頭一つ抜きん出た存在になり、インドを統一する王朝を築き上げたのか。そして統治の要諦を詳細に記した『実利論』はいつ形成され、近現代においてどのようにして発見されたのか。

インダス文明の興隆と衰退

序章でも触れたように、「古代インド」といってもかなり長い時間軸の話になる。それを詳しく解説することは本書の目的ではないが、マウリヤ朝の時代がいつ頃なのか実感できるよう、まずはそこに至るまでのインドの歩みをざっと見ていくことにしよう。

インド北西部に位置するインダス川沿いに文明が興ったのは、紀元前二六〇〇年頃とされている。それ以前にもインド亜大陸の各地には人が住んでいたが、広範な地域にわたる都市文明を築くまでには至らなかった。この文明はインダス川沿いを中心に、現在のパキスタンとインドのパンジャーブ州およびグジャラート州にまで及ぶ広大な地域を舞台とした。

インダス文明と言えば、モエンジョ・ダーロ（現地語で「死者の丘」を意味する）やハラッパーの遺跡がよく知られている。いずれの遺跡からも住居や墓地が発掘されており、高度かつ大規模な都市機能を備えていたことがうかがえる。出土品の中には文字が刻まれているものもあった。このインダス文字は断片的にしか確認されていないこともあり全容の解明には至っていないものの、この地に先住していたドラヴィダ人の言語ではないかとの見方が有力となっている。また、インダス文明の遺物がメソポタミアやアラビア半島、中央アジアの遺跡でも発見されており、域外との交流が行われていたこともわかっている。

世界四大文明とはエジプト、メソポタミア、中国、そしてインダスを指すが、これらがいずれも大河沿いに生まれたのは偶然ではない。水資源を活用することで灌漑《かんがい》や水利施設を充実させ都市を発展させるとともに、水運によって川沿いの都市を結び、ネットワークを形成していったのである。インダス文明の場合、水は単に生活のためだけでなく、宗教的な意義を帯びており、他の文明以上に重要な意味を持っていたようだ。ヒンドゥー教徒にとってガンジス河での沐浴は崇高な宗教的行為だが、水に聖性を求める考え方は、インダス文明に原点があると言えるかもしれない。

そのインダス文明も、紀元前一九〇〇年頃に衰退する。疫病の蔓延《まんえん》や栄養状態の悪化、暴力の増加によって社会が混迷を深め、各地で都市が放棄されたようだ。人びとは徐々にガンジス河流域やグジャラート方面など、東に向けて移動していった。インダス文明の技術や家畜、食物の一部は紀元前一四〇〇年頃までつづいた南インドの新石器文化でも確認されており、滅亡後も広い範囲に影響を残したことがうかがえる。

アーリア人の進入とヴェーダ時代

インダス文明が滅びた後、インドの民族構成に巨大な変化が生じる。西方からバクトリア（現在のアフガニスタン北部）、ヒンドゥークシュ山脈を経由してアーリア人が進入してきたのである。時期としては、紀元前一五〇〇年頃のようだ。アーリア人は一斉にインドに押し寄せたのではなく、「部族単位の小集団ごとに、長い期間にわたって波状的に進入してきた」と考えられている。彼らは先住民とのあいだで接触や衝突を繰り返し、「民族および社会の混交が進み、新しい文化や交易ネットワークが各地に生み出され」たと見られている（藤井二〇〇七）。いわば外来者と先住民によるハイブリッドな文化が生まれたわけだが、前者が後者を支配するという構造が築かれることにもなった。

それを象徴するのが「ヴェーダ」である。ヴェーダとは「知識」を意味するが、より正確に言えば、宗教的知識を指す（今日でもよく知られている「アーユルヴェーダ」に名を残している）。そして、ヴェーダを独占していたのはアーリア人の祭官だった。ヴェーダは分野別に文献として編纂《へんさん》が進められていった。最古のものは神々への讃歌をまとめた『リグ・ヴェーダ』で、紀元前一五〇〇年から紀元前一〇〇〇年のあいだに成立したと推測されている。歴史学ではこの時期を「初期ヴェーダ時代」としている。ヴェーダは他にも、呪文を集めた『アタルヴァ・ヴェーダ』、歌詠を集めた『サーマ・ヴェーダ』、祭詞を集めた『ヤジュル・ヴェーダ』の三種類があり、これらが編纂された時代を「後期ヴェーダ時代」（紀元前一〇〇〇〜紀元前五〇〇年）と呼ぶ。これらの四大ヴェーダにもとづき、紀元前五世紀頃には祭祀を司るバラモンを頂点とするバラモン教が成立していく（これがのちのヒンドゥー教の原型になる）。また、ウパニシャッド哲学や輪廻転生の思想が形成されたのもこの時期である。

『リグ・ヴェーダ』には、「十王戦争」の物語がある。インダス川の支流でバラタ族と他の十の部族とのあいだに起きた戦いだ。ここで勝利を収めたバラタ族がサラスヴァティー川（現在は存在しない。インダス川と並行していた、元々存在せず文献で語られるのみ、といった説がある）の上流域、さらにガンジス河上流域にまで勢力を拡大し、十六大国の一角をなすクル国となる。また、この十王戦争はインドの二大叙事詩のひとつ『マハーバーラタ』の主題にもなった（ただし戦争の舞台は現在のデリーに近い、クルクシェートラに設定されている）。

十六大国時代とマガダ国の台頭

後期ヴェーダ時代はガンジス河上流域を中心に展開していたが、その後、アーリア人が同河の中流および下流域にも進出していった。インダス川方面も含め各地に「マハージャナパダ」と呼ばれる国が十六成立したことから、紀元前六世紀頃からマウリヤ朝成立までを十六大国時代という。

十六大国は大きく二つのカテゴリーに分けることができる。マガダ国やコーサラ国をはじめとする専制王国と、ヴリジ（リッチャヴィ）国やマッラ国のようなガナ・サンガ国である。後者は王制ではなく、地域の有力部族ないし諸部族による連合体で、合議制によって意思決定がなされていた。このガナ・サンガ国については、①しばしば集会を開き多数が集まる、②共同で行動する、③伝統的な法を破らず、いたずらに新たな法を定めない、

④古老を敬い彼らの言葉を聞く、⑤一族の女性に強制や暴力を加えない、⑥チャイティヤ（霊所）を崇め供物を絶やさない、⑦聖者を迎え入れ保護する、という七つの特徴があった（山崎二〇〇七）。

十六大国の中で二大強国として知られガンジス河流域の覇権を争ったのが、コーサラ国とマガダ国である。中国においては黄河の中下流域を「中原」と呼び、諸勢力による覇権争いの場となったが、この時代に「インドの中原」になったのはこのガンジス河流域だった。

コーサラ国は今日のウッタル・プラデーシュ州北東部に位置し、初期は都をアヨーディヤに置いていた。ここはもうひとつの叙事詩『ラーマーヤナ』で、主人公のラーマ王子の生誕地とされた場所である。この頃、バラモン教が支配的だった一方で、仏教やマハーヴィーラによるジャイナ教、マッカリ・ゴーサーラによる裸形托鉢教団アージーヴィカ教といった新宗教が興った。このうち、仏教の始祖である釈迦はコーサラ国で多くの時間を過ごしたが、その背景には彼の出身部族であるシャーキャ族（釈迦族）がヒマラヤ山麓以外にこの地にも住んでいたことがある。

一方のマガダ国はガンジス河中下流域の南側にあった。この国が繁栄した背景には、南

十六大国時代の国名とマウリヤ帝国の版図

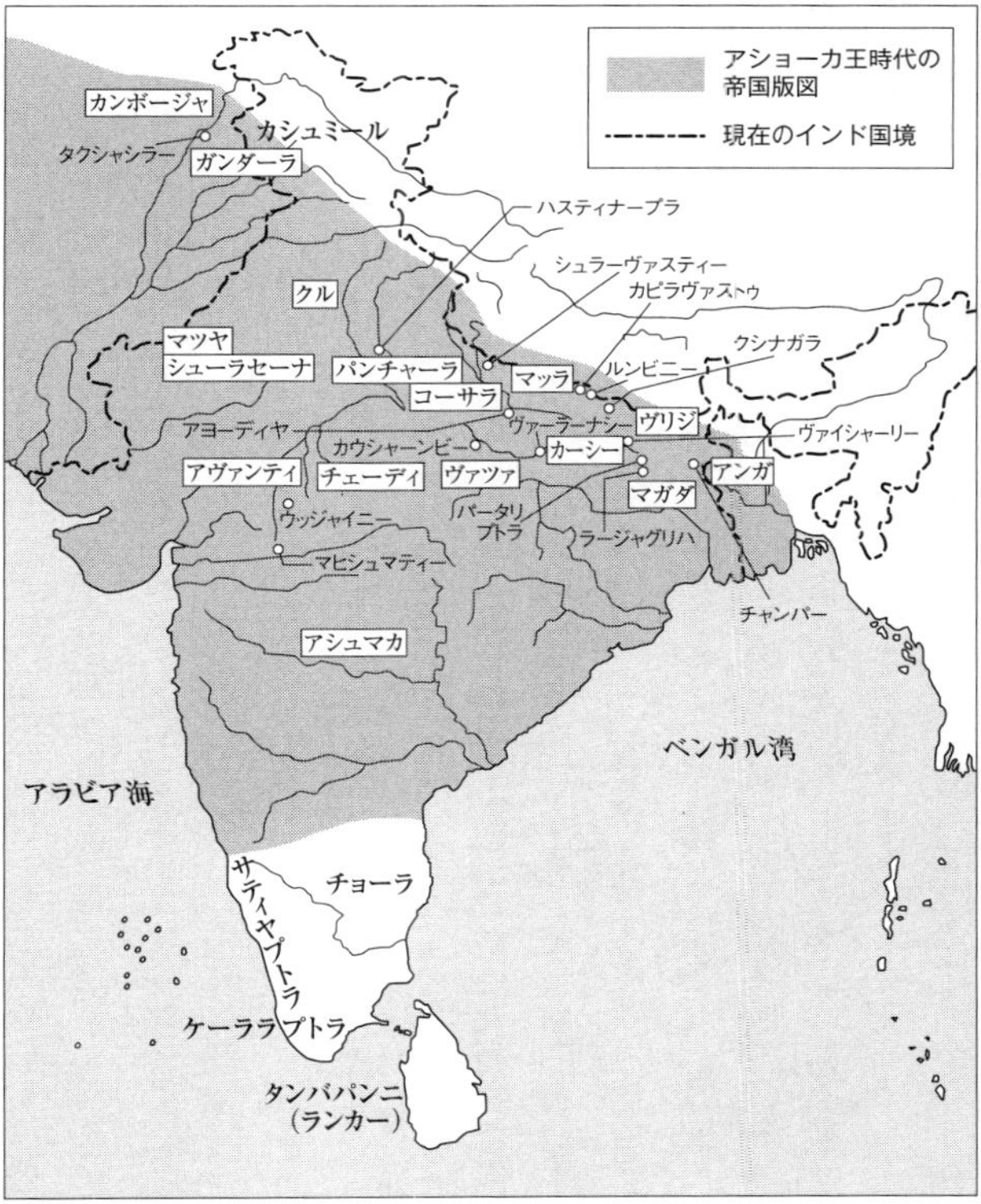

注）白枠内は十六大国時代の国名を示す
出所）『世界歴史大系　南アジア史１（先史・古代）』（山川出版社）の地図にもとづき、筆者が一部修正した

部の丘陵地帯で鉄鉱を多く産出したという資源国だったことに加え、農業や林業面でも好条件に恵まれていたという産業の強さがあった（山崎二〇〇七）。また、バラモン教の身分制度がさほど徹底されていなかったことも、社会の活力を増すことにつながっていたようだ。

マガダ国の台頭は、ビンビサーラ王とその子のアジャータシャトル王によって実現した。この父子二代は、釈迦と同時代と見られている（ただし釈迦の生没年をめぐっては諸説ある。南方伝承によれば紀元前五六六年頃に生まれ、紀元前四八六年頃没とされる）（山崎二〇〇七）。

マガダ国は武力併合や内部攪乱から政略結婚まで硬軟合わせた戦略で周辺国との競合を優位に進め、コーサラ国に対しても激戦の末に勝利した。紀元前四世紀半ばにはガンジス河流域、すなわち「インドの中原」を統一した。

王のもとに大臣や顧問官といった幹部がおり、大臣のもとには所掌ごとに担当官が置かれた。さらに都市や農村の現場には徴税官や行政官がいて実務を遂行するといった、統治体制が整備された。軍事も各部門の組織化が進み、マガダ国の覇権獲得を支えた。こうした体制は『実利論』からもうかがい知ることができる。

マガダ国は当初、都をラージャグリハ（王舎城）というガンジス河中流の城塞都市に置いていたが、ウダーイン王――父のアジャータシャトルを殺害して王位に就いたとされる――の時代に遷都した。本章の冒頭で紹介したパータリプトラである。この都市は初期仏教において重要な役割を果たした場所でもある。釈迦が最後の旅に発ったときにガンジス河を渡ったのもパータリプトラからで、当時から交通の要衝だったことがうかがえる。また、釈迦亡きあとに弟子たちが集まって教えを統一するための会を開いたのだが、その三回目の場所もパータリプトラだったのだ（「第三結集」と呼ばれる）。ちなみに、ビハール州はこのパータリプトラ（パトナー）以外にも、ブッダガヤやラージギル（ラージャグリハ）等、仏教の聖地が集中している場所でもある。

西から大王来る――アレクサンドロスのインド遠征

ガンジス河流域でマガダ国が隆盛を極めている頃、はるか彼方の西方では急速に版図を拡大する王国があった。アレクサンドロス大王のマケドニアである。大王はギリシアから小アジア（アナトリア。現在のトルコ）やエジプトを手中に収め、紀元前三三一年には東方への遠征を開始、アケメネス朝ペルシャの王、ダレイオス三世の軍を破り、翌年には現在のイランに相当する広大な地域を征服した。

生涯無敗の軍事指揮官で「世界征服者」とも称されるアレクサンドロスが愛馬ブケパロスに騎乗するモザイク画 ©WIKIMEDIA COMMONS

アレクサンドロス大王の進撃はさらに東、すなわちインドにも及んだ。紀元前三二六年にはインダス川を渡ってパンジャーブ地方に進出し、同地のポーロス王の軍を破ったほか、タクシャシラーを支配していたアーンビ王の国を服属させた。インド北西部の征服地には部下の将軍を太守として配置し、実際の統治は服従を誓った現地の領主に任せる間接統治体制を敷いた。

大王はインダス川の東にガンジス河という別の大河が流れ、その流域に王国――マガダ国のことだ――が栄えていることを知り、さらに軍を進めようとした。だが、長年の遠征で将兵は疲労困憊《こんぱい》していた。アレクサンドロスは将兵を鼓舞したが、彼らは思い止《とど》まるよう大王に懇願した。最終的にアレクサンドロスはマガダ侵攻を諦めることにした。『アレクサンドロス大王東征記』には、大王の決断を知った配下の将兵たちが「雑多な群衆の歓呼にも似た歓声を挙げ、大方の者は涙を流した」と記されている（アッリアノス二〇〇一）。アレクサンドロスが一度決めたことに対して、部下の進言を聞き入れて翻意したのは後にも先にもこのときだけだった。マガダ国側には象・騎兵・戦車・歩兵の四軍が控えているとの情報が伝えられてはいた。しかしそれまでもアレクサンドロスは兵力で劣っていても戦いを厭わず、必ず勝ちを収めてきた。にもかかわらず翻意したのは、それだけ自軍の戦意低下が著しかったことをうかがわせる。

撤収を決めたアレクサンドロスは軍を陸路と海路の二手に分け、西へ向かっていった。帝国の拠点だったバビロンに帰還した彼は次の遠征計画に着手したが、紀元前三二三年、三二歳の若さで死去した。蜂に刺されたことから高熱を発したためという、短期間とはいえ世界帝国を築いた大王という存在からすると意外に思える死因だった（異説もある）。

ここではアレクサンドロスの遠征について記したが、この時期を東アジアの状況と比べてみると、時代感覚がよくわかる。中国では春秋戦国時代（紀元前八世紀〜紀元前三世紀後半）の後期で、紀元前三一八年には勢力を拡大していた秦と、それに対抗する魏など五国合従軍による函谷関の戦いが起きている。秦の始皇帝が中国を統一するのはさらに時代が下り、紀元前二二一年のことである。なお、日本はと言えば、弥生時代（紀元前九世紀頃〜紀元後三世紀半ば頃）の中期であった。

デリーのビルラー寺院にあるチャンドラグプタ像 ©WIKIMEDIA COMMONS

チャンドラグプタの挙兵とマウリヤ朝の成立

アレクサンドロスがバビロンで死去してから数年後の紀元前三二〇年頃、インドでは情勢が急変しようとしていた。ガンジス河流域で最強を誇っていたマガダ国の辺境で反乱が発生したのである。挙兵したのはチャンドラグプタだ。

このチャンドラグプタだが、どのような出自の者かをめぐって異なる伝承がある。山崎元一は、バラモン教およびヒンドゥー教文献では、マウリヤ朝は身分の低いシュードラによるものとする一方で、仏教文献ではクシャトリヤ系としていることを紹介した上で、「正統派のバラモンによってクシャトリヤと認められることのなかったガンジス川中流域

ヴァルナ（種姓）の構造

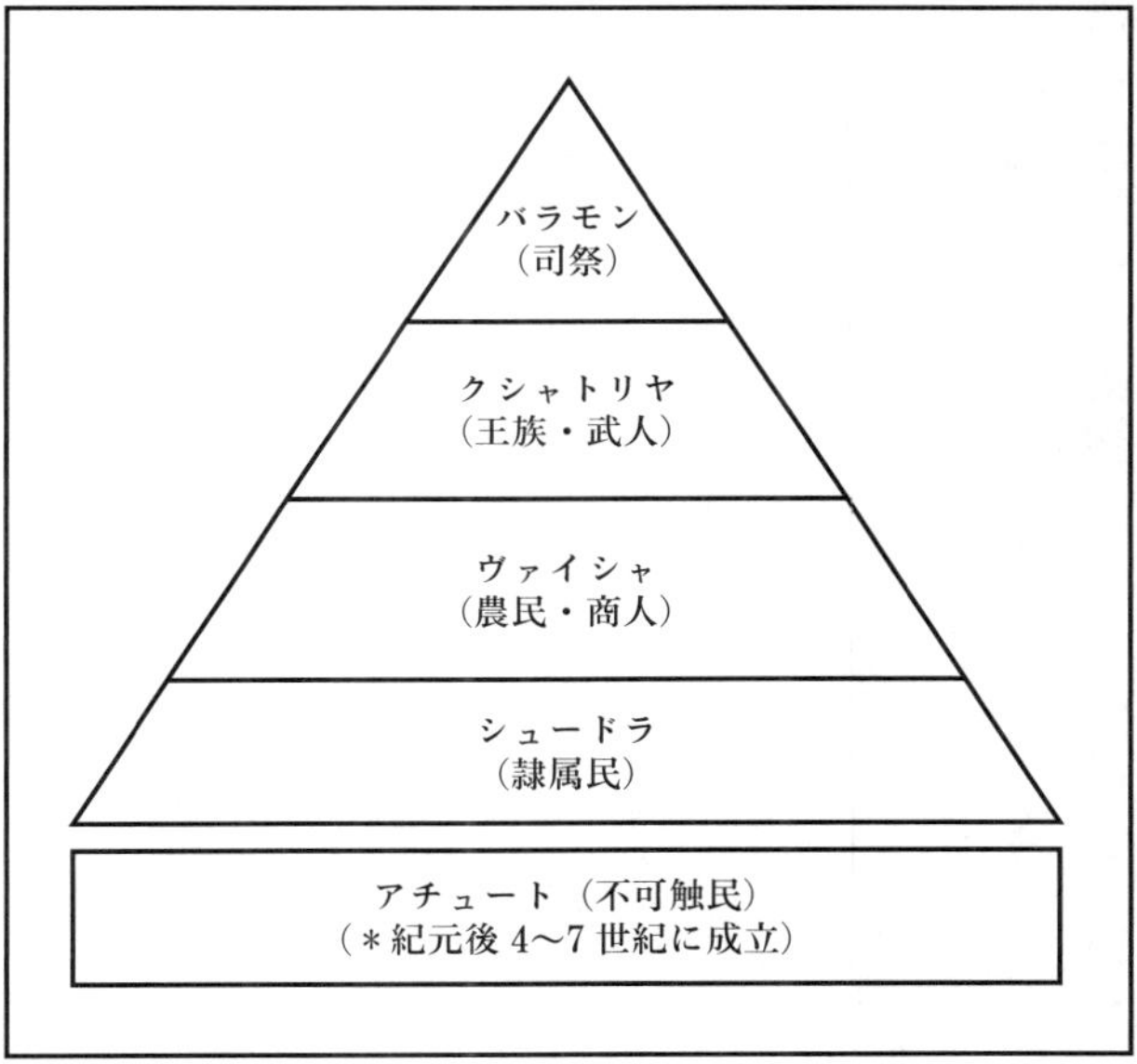

のマウリヤ族の出身であった」との見方を示している（山崎二〇〇七）。ちなみにチャンドラグプタが挙兵したときのマガダ国は、シュードラ出身のナンダ朝の下にあった。

ここでヴァルナ（種姓）について簡単に説明しておきたい。現代のインドでもカーストの影響は随所に見られるが、その原点となる身分制度はこの頃すでに確立されていた。すでに取り上げた『リグ・ヴェーダ』に、「プルシャ・スークタ」という讃歌が収録されている。それによれば、プルシャなる原人がいたが、神々によっていくつかの部分に切り離された。すると、口はバラモン（司祭）に、両腕はラージャニヤ（のちのクシャトリヤ。王族・武人）に、両腿はヴァイシャ（農民・商人）に、両足はシュードラ（隷属民）になったという。これが四種姓となり、「色」を意味するヴァルナと総称されるようになった。この階層構造のなかで、バラモン、クシャトリヤ、ヴァイシャまでが征服民のアーリア人で、先住民がシュードラと位置づけられた。さらに、不浄とされる職業に従事する者が四種姓の下にあり、のちに「不可触民」と呼ばれるようになっていく。なお、ヴァルナは紀元前二〇〇～紀元後二〇〇年頃に成立した『マヌ法典』でより詳細に役割や関係等が示されている。

ただ、ヴァルナは大枠を定めたものにすぎず、後に「カースト制度」と呼ばれるようになる階層の仕組みははるかに複雑である。「ジャーティ」（「生まれ」を意味する）と呼ばれる世襲の職業集団が一〇世紀以降形成されていき、その数は二〇〇〇～三〇〇〇にも上る。ヴァルナとジャーティを合わせた概念を「カースト制度」と言うことができる。ちなみに「カースト（caste）」は元々インドの言葉ではなく、「血統」を意味するポルトガル語「カスタ」が語源とされる。一九五〇年一月発布のインド共和国憲法ではカーストにもとづいた差別は禁止され、また指定カースト（旧「不可触民」）や指定部族（森林や山岳地帯、離島などの先住民）の地位向上を図るための「留保制度」という一種のアファーマティブ・アクションも実施されている。だが、今日でも婚姻や食事、職業など生活のさまざまなシーンでカーストの影響は依然として見受けられる。

チャンドラグプタに話を戻そう。このようなヴァルナの階層があったことを踏まえると、彼がクシャトリヤだったかシュードラだったかが大きな意味を持つことがわかるだろう。ただ、アーリア人も先住民と混血していったことから、地域によっては区分が曖昧になっていたようだ。シュードラ出身のナンダ朝が成立していたマガダ国ではとくにその傾向が強かったと考えられる。

チャンドラグプタ率いる軍勢は都のパータリプトラに向けて進軍し、ナンダ朝を崩壊させた。紀元前三一七年頃のことで、ここからマウリヤ朝が始まったとされている。しかしチャンドラグプタはマガダ国を支配しただけでは飽き足らず、インダス川流域、さらにはデカン方面の一部をも制圧した。それまでこれほどの広大な地域を支配する国はインド亜大陸にはなく、マウリヤ朝はインドを統一した初の帝国となったのである。

少年時代のチャンドラグプタはアレクサンドロス大王を見た？

ところで、このチャンドラグプタがアレクサンドロス大王と同じ場所にいたとする説がある。そう記しているのは、ローマ帝国時代のギリシア人著述家、プルタルコスだ。彼の『英雄伝（対比列伝）』には、アレクサンドロスがポーロス王との戦いの後、さらなるインド侵攻を断念して帰還を決断したくだりを扱った第六二章の中に、次のような記述がある。

「当時少年だったアンドロコットス（引用者注：チャンドラグプタのこと）はアレクサンドロスを見たが、後にしばしばこう言ったと伝えられる。当時の王は品性下劣で生まれも卑しかったため、憎まれ軽蔑されていたので、アレクサンドロスは何の困難もなく平定できたのだ、と」（森谷公俊訳『新訳 アレクサンドロス大王伝』）

プルタルコスは紀元一世紀後半～二世紀前半の人なので、アレクサンドロスはもちろん、チャンドラグプタとも時代的にはまったく重なっていない。彼の『英雄伝』も「伝記」であって「歴史書」ではないので、創作が入っている余地はある。だが、だからといって記述内容がまったくのでたらめであれば、現代に至るまで読み継がれることはなかっただろう。『新訳 アレクサンドロス大王伝』所収の「解説」によると、『英雄伝』中の「アレクサンドロス伝」について言えば、プルタルコスは二三人の書物や言葉を引用しているほか、王室日誌からの引用もあるという。

仮にチャンドラグプタがアレクサンドロスを見たというなら、彼ひとりではなく、マケドニア軍も目撃したであろう。長期にわたる遠征で疲弊していたとはいえ、インダス川流域を制圧したアレクサンドロスの軍勢を目の当たりにしたチャンドラグプタは、いつか自分もと思ったのではないか。あるいは、アレクサンドロスですら断念したインド全土制圧を自分が実現してみせる、と決意したのかもしれない。

これらはいずれも想像の域を出ないが、そのついでにもうひとつ付け加えれば、このときカウティリヤはどうしていたのだろう、という疑問も思い浮かぶ。カウティリヤがこの頃、タキシラにいたとすればアレクサンドロス来襲の報せは当然彼の耳にも入っていたに違いない。あるいは、チャンドラグプタだけでなく、カウティリヤもアレクサンドロスを見て、何らかの刺激を受けていたら――。考え出すとキリがないが、少なくとも彼らが部分的にせよ時代的に重なっていたことを示すものとして、単にインド世界だけにとどまらない広がりを感じてもらえたらと思う。

リヤである。

「インドの司馬懿」登場

チャンドラグプタの出自がいずれであれ、彼が持つポテンシャルを見出した者がいなければ世に出ることはなかったかもしれない。それが『実利論』を著したとされるカウティリヤである。

カウティリヤのヴァルナはバラモンということで見解が一致している。本章冒頭でも触れたように、出生地は定かではないが、一説にタキシラ（タクシャシラー）とするものがある。生年もわかっていない。ただ、成人したカウティリヤが少年時代のチャンドラグプタに出会い、才能を認めたと言われているので、彼のほうが年長だったことは間違いなさそうだ。なお、カウティリヤには「チャーナキャ」、「ヴィシュヌグプタ」という別の名もある。インドの一般向けの本を見ていると「チャーナキャ」が用いられているのが目立つが、本書では基本的にカウティリヤで統一する。

カウティリヤはタキシラの学校で教師をしていたという説があるが、それが正しいとして、なぜチャンドラグプタを立ててマガダ国打倒に動いたのか。その動機になったとされているのが、次のエピソードである。カウティリヤは当時マガダ国を支配していたナンダ朝の王に謁見する機会があったが、そのときに侮辱を受けた。彼の容貌のためという説もあるし、もしかするとシュードラだったナンダ王があえてバラモンに対して見下す姿勢をとったのかもしれない。いずれにしてもカウティリヤは復讐の思いを胸に秘め、それを託せるリーダーを探した。そこでこれはと目を付けたのがチャンドラグプタだったというわけだ。

とはいえ、アレクサンドロス大王に侵攻を思い止まらせるほどの軍事大国だったマガダ国を打倒するのは容易なことではない。実際、カウティリヤは秘匿していた資金を活用して軍勢を整え一気にパータリプトラを落とそうとしたものの、この初陣は失敗に終わったという伝承がある。ナンダ朝の追っ手から逃げる途中、チャンドラグプタとカウティリヤは、母が子どもたちのために粥を椀によそっているところに出くわした。子のひとりが椀のいちばん熱い真ん中に指を突っ込んで食べ始めようとしたところ、母はカウティリヤたちが周辺からではなく最初から都を攻めようとしてしくじったことを引き合いに出して、粥を食べるときは冷めた椀の端のほうからにすれば火傷をしなくて済むのに、と諭した。チャンドラグプタとカウティリヤはこれを教訓として、次の戦いでは周辺を徐々に落としていき、最後にパータリプトラを包囲する戦術をとったことで成功したという（Jansari

2023)。実話にしては出来過ぎで、後世の創作の感も否めないが、最初からそう簡単に事は運ばず、猪突猛進を戒める意味があったと解釈できるのではないか。

その後、チャンドラグプタ軍によってパータリプトラは陥落、ナンダ朝は崩壊した。代わって成立したマウリヤ朝でチャンドラグプタがラージャ、すなわち「王」になり、カウティリヤは宰相として王を補佐するとともに、内政と外交に辣腕を振るったとされる。紀元前三〇五年頃にはシリアを支配していたセレウコス一世の軍勢がインドに侵攻し、マウリヤ朝との間で戦争が勃発した。セレウコス一世は元々アレクサンドロス大王配下の将で、失地回復を目指しての軍事行動だった。

この戦いはマウリヤ朝の勝利に終わり、和平が結ばれた。マウリヤ朝は象五〇〇頭を供出するのと引き換えに、セレウコス側からインダス川西側から現在のアフガニスタン東部に至る広大な地域を割譲されたとされる。カウティリヤの具体的な役割については記録が残っていないが、軍事と外交交渉を一体のものとし、帝国の版図拡大を実現したこの結果は、次章で詳説する「実利論外交」を地で行くものと言える。

和平の内容には、セレウコスの娘がチャンドラグプタの宮廷に入ることに加え、双方の間で使節の交換が行われることも含まれていた。ペルシャ側から派遣されたメガステーネスはマウリヤ朝の様子や当時のインドの風物を『インド誌（*Indica*）』という書物にまとめた。同書の原本は失われてしまったが、他の書物で引用された部分をまとめることで大凡《おおよそ》の内容がわかっている。中には荒唐無稽な伝説レベルの話もあるが、マウリヤ朝時代のインドを知る上で欠かせない史料となっている。

『実利論』を訳した上村勝彦は「訳者まえがき」でカウティリヤを「ちょうど中国の諸葛孔明に対比され得る」と評している。諸葛亮が劉備の軍師として「天下三分の計」を献策し、蜀漢の建国後は丞相として国政を率いたことは、たしかにカウティリヤと通じるものがある。正史にはない創作を盛り込んだ『三国志演義』のイメージが強いとはいえ、軍略を尽くして魏を度々脅かしたことも評価してのことだろう。ただ、諸葛亮は最終的には魏に勝つことはできなかったし、むしろわたしはカウティリヤについて、魏の曹操・曹丕・曹叡に仕えて国政を仕切るまでになったリアリストにして三国時代の最終的な勝利者と言うべき司馬懿《い》のような存在ではないかと感じるのだが、いかがだろうか。

＊司馬懿（字《あざな》は仲達《ちゅうたつ》）は、三国時代の魏の政治家・武将。曹操の死後、魏王となった曹丕のもとで丞相に次ぐ地位に就き、後に大将軍に昇進した。二四九年にはクーデターを起こし、西晋建国の礎を築いた。西晋を建てた孫の司馬炎によって、「高祖宣帝」と追号された。

マウリヤ朝――アショーカ王の治世から滅亡まで

チャンドラグプタは晩年、ジャイナ教に改宗した。王位は息子のビンドゥサーラに譲り、本人は出家し、インド南部、現在のカルナータカ州にあるジャイナ教の聖地に移って修行に勤《いそ》しんだ。最後は断食を敢行し、紀元前二九七年頃、死に至ったと伝えられている。

父王を継いだビンドゥサーラの事績はほとんどわかっていない。ただ、カウティリヤをはじめチャンドラグプタ時代の幹部がひきつづき政権運営に当たったようではある。カウティリヤが死去したのは、紀元前二八三年頃とされる。これが正しければ、ビンドゥサーラ王の治世が紀元前二七三年頃まで続いたので、その途中でカウティリヤは世を去ったことになる。生年が判明していない以上、彼が何歳まで生きたかも正確にはわからないが、仮にマウリヤ朝が成立した紀元前三一七年の時点で三〇歳だったとすれば、六四歳ということになる。ただ、いずれも推測の域を出ない。

ビンドゥサーラの後を継いだのが彼の息子、アショーカである。マウリヤ朝は彼の時代に最盛期を迎える。チャンドラグプタの時点で北インドのみならずデカン方面まで勢力を広げていたが、インド東部、今日のオディシャ州とアーンドラ・プラデーシュ州北部にあったカリンガ国は服属していなかった。そこでアショーカは大軍を率いてカリンガ遠征に乗り出し、最終的に征服に成功した。だが代償も甚大で、カリンガ軍との激戦でおびただしい数の命が失われた。

これを深く悔いたアショーカに大きな心境の変化が訪れた。彼はカリンガ侵攻前の時点で仏教に帰依していたが、いっそう深く傾倒するようになったのである。帝国の統治に当たっては「ダルマ（法、理想）」を重視した。仏教を積極的に振興し、アショーカ自ら各地を視察したという（「法の巡幸」）。一方で、バラモン教、ジャイナ教、アージーヴィカ教といった他の宗教についても仏教と同等に位置づけ、弾圧をするということはなかった。

インド亜大陸をほぼ統一したアショーカ王を描いたレリーフ ©WIKIMEDIA COMMONS

こうした善政、すなわち「ダルマの政治」を可能にしたのは何だったのか。前提として、チャンドラグプタ以来三代にわたる治世の下で帝国の建設が落ち着いたことがあっただろう。マウリヤ朝はインド亜大陸の南端の部分（現在のタミル・ナードゥ州およびケーララ州の南部）を除く全土を支配する一大帝国となった。地方の反乱がなくなったわけではなかったが、これ以上の領土拡張を求めて征服戦争を新たに起こす必要はなくなった。国内の統治体制も整備された。すなわち、「アルタ（実利）」が基本的に実現したと言える。古代インドでは、アルタ、ダルマ、カーマの三つからなるトリヴァルガが人生の三大目的と考えられていたことを序章で紹介した。そのうちもっとも重要なのはアルタであり、それが達成されて初めてダルマとカーマが可能になるというのが『実利論』の主張だった。チャンドラグプタからアショーカに至るマウリヤ朝の発展は、まさに『実利論』にもとづいたものと言えるのではないか。

しかし、マウリヤ朝にとってアショーカ王の治世が最盛期だったということは、その後は衰退に向かったことを意味する。アショーカは紀元前二三二年頃に没したと伝えられているが、後を継いだ王の名前は文献によって異なっている（クナーラ王子が後継となったという説はある）。それだけポスト・アショーカのマウリヤ朝は深い混乱の中にあったという見方ができる。そして紀元前一八〇年頃、ブリハドラタ王が配下の将軍プシャミトラにタキシラで殺害され、マウリヤ朝は約一四〇年の歴史に幕を下ろすことになった。その後プシャミトラがシュンガ朝を開いたものの、マウリヤ朝のような帝国にはならず、各地で諸勢力が独自の王朝を築いていく。インドの大部分が再統一されるのは、紀元後三二〇年のグプタ朝まで待たなくてはならなかった。

二〇世紀初頭の大発見

話の舞台は、マウリヤ朝滅亡から二一〇〇年近くが経過した一九〇五年、イギリス植民地支配下のインド南部、マイソールに移る。マイソール東洋図書館に、マドラス管区（現在のタミル・ナードゥ州）タンジャーヴール在住の男性から大部の写本が持ち込まれた。その写本は貝葉《ばいよう》（乾燥した椰子の葉）に手書きで記されたものだったという。これを検分した司書長のR・シャーマシャストリ博士は、内容の豊かさに衝撃を受けた。精査の結果、失われて久しいとされてきた『アルタシャーストラ』、すなわち『実利論』だと彼は結論づけた。後年、パンジャーブなどインドの他の場所でも同様の写本が発見された。

『実利論』の内容は一二世紀頃までインドの学者のあいだで言及されていたが、その後は本が失われてしまった。また著者とされるカウティリヤについても、九世紀頃にサンスクリット詩人・劇作家ヴィシャーカダッタ作の『ムドラー・ラークシャサ』（『宰相ラークシャサの印章』のタイトルで邦訳あり）に、チャーナキャとして登場していた（第2章コラム参照）。しかし一二～一三世紀以降、『実利論』が語られることはなくなり、歴史の中に埋もれることになった。それが二〇世紀初頭になり、ふたたび姿を現したのである。

一九〇九年には、シャーマシャストリによる英訳が刊行され、西洋のインド学者にも『実利論』が広く知られるようになった。原實は岩波文庫『実利論』の「解説」で、それ以前にも一九世紀後半にドイツで複数の学者がその存在だけは知っていたようだが、「幻の書」として「インド古典研究者の脳裏に去来するに留っていた」と記している（原一九八四）。奇《く》しくもこの年には、マハートマ・ガンディーが自身の思想と運動の基本理念について論じた『真の独立への道　ヒンド・スワラージ（*Hind Swaraj*）』を著し、インドのアイデンティティに関する意識が高まった時でもあった。

シャーマシャストリの英訳本以降、『実利論』はドイツ語、ロシア語、イタリア語、フランス語等に翻訳されたほか、インド国内でもヒンディー語やベンガル語、グジャラート語をはじめ諸語に訳された。日本でも、一九四四年に『實利論』のタイトルで生活社から邦訳が刊行されている。翻訳を担当したのは、真言宗の僧侶でインド哲学研究者として著名な中野義照《ぎしょう》である。ちょうどこの年、日本軍がビルマからインド国境を越えてインパール作戦を敢行していた。その数年前からインド関係の本が翻訳書も含め多数刊行されるようになっており、『實利論』もその流れの中で刊行されたのだろう。

全一五巻、六〇〇〇の詩節——『実利論』の構成

ここで『実利論』の構成について整理しておこう。『実利論』は全一五巻からなる。各巻は章にわかれており、合計するとその数は一五〇に上る。各章はさらに「シュローカ(sloka)」と呼ばれる詩節に細かくわかれており、総数は六〇〇〇と膨大だ。『実利論』の内容を引用する際には、「巻-章-詩節」の順で番号を示すのが一般的であり、たとえば第一巻第七章第六節と第七節は、このようになる。

「実利こそが主要である」とカウティリヤは言う。(一-七-六)
何故なら、法と享楽とは実利に基づくからである。(一-七-七)

テーマは第一巻の冒頭で一八〇の項目が列挙されており、前半（第一巻〜第五巻）が内政を、後半（第六巻〜第一四巻）が外交・軍事を扱っている。最後の第一五巻は「学術書

『実利論』の構成

	タイトル	主な内容
第1巻（全21章）	修養	王が身につけるべき修養、臣下（スパイ含む）の任命、王子に対する警戒
第2巻（全36章）	長官の活動	分野毎の長官の任務、城砦の建設、地方への植民、徴税、監査
第3巻（全20章）	司法規定	契約、訴訟、婚姻、財産、負債、奴隷・労働者、暴力の定義、賭博・競技
第4巻（全13章）	刺の除去	職人や商人に対する監視、災害対策、尋問、犯罪と刑罰の規定
第5巻（全6章）	秘密の行動	刑の適用、国庫、臣下の俸給、従者の行動
第6巻（全2章）	〔六計〕の基本としての輪円（マンダラ）（外交政策序論）	構成要素の長所、治安と活動
第7巻（全18章）	六計について（外交政策本論）	六計の詳細な解説、中間国および中立国に対する行動、武力による服従、和平の締結、人質の救出
第8巻（全5章）	災禍に関すること	王と王国の災禍、人間の悪徳、苦難の種類、軍隊の災禍、友邦の災禍
第9巻（全7章）	出征する王の行動	能力・場所・時に関する強弱、出征の時期、軍の戦闘能力、謀叛対策、損失と出費
第10巻（全6章）	戦闘に関すること	軍営の設置、進軍、戦場の条件、兵力の運用と配置、部隊ごとの戦闘法
第11巻（全1章）	共同体（サンガ）に対する政策	離間策の採用、沈黙の刑
第12巻（全5章）	弱小の王の行動	外交戦、軍高官の殺害、非正規戦の方法、諸王の輪円の扇動
第13巻（全5章）	城砦の攻略法	扇動、術策による敵の誘殺、スパイの起用、占領地の鎮静
第14巻（全4章）	秘法に関すること	秘法による敵軍撃破の方法、自軍への危害に対処する方法
第15巻（全1章）	学術書の方法（タントラ・ユクティ）	学術書の方法

注）各章タイトルは岩波文庫版にもとづく

の方法（タントラ・ユクティ）」として、用語の解説等に充てられている。

別表は、その内容を一覧にまとめたものである。各章にタイトルがついているため、すべてを掲載せず、主な内容を記すにとどめた。この見取図から、『実利論』が統治において起こり得るあらゆる側面を網羅していることがわかるだろう。

これを見てあらためて感じるのは、当時のインドにおいては統治機構や法制度が整備され、交渉術や戦闘方法が研究され、さらには人間の本質をめぐる議論までもが深められており、それが書物として詳細に記録されていたことだ。

次項で説明するように、『実利論』の成立時期については諸説あるが、マウリヤ朝の時代という点で言えば、紀元前三一七年頃から紀元前一八〇年頃である。この頃、日本は弥生時代の早期ないし前期だった。これまでわかっている限りでは、日本にはまだ文字すら伝わっていない。福岡県志賀島で発見された「漢委奴国王」と刻まれた金印は紀元後五七年のものとされる。卑弥呼の邪馬台国が歴史に登場するのは、紀元後三世紀のことである。

このように日本の状況と比べると、当時のインドがいかに「先進国」だったかが実感できるだろう。

『実利論』の「著者」と「時期」をめぐって

『実利論』が発見され英訳が公刊されると、インドのみならず国際的な学界でも大きな注目を集めた。内容もさることながら、議論の的となったのは「いつ、誰によって」著されたのかという点だった。

実は、『実利論』をカウティリヤが書いたことを確実に示すエビデンスはこれまでのところ存在していない。本書で冒頭から「『著者』として名前が挙げられているのは、カウティリヤなる人物」、「著者とされるカウティリヤ」と表現に含みをもたせる書きぶりをしてきたのも、このためである。

『実利論』の本文では、「カウティリヤの著したこの論書は……」とあるほか、巻末には「ヴィシュヌグプタ（引用者注：カウティリヤの別名）は、自らスートラと注釈とを作った」などとあり、彼が著者であることは間違いなさそうに見える。だが、岩波文庫版訳者の上村は、「実際の作者が自分の名を隠して、高名な聖者や偉人の名を借りてその作品を権威づけるということは、インド古典における常套手段」と記している。研究者の中には、そもそもカウティリヤとチャーナキャは別人とする見解もあるほどだ。

だが、マウリヤ朝宰相としてのカウティリヤ（チャーナキャ）がまったく『実利論』にかかわっていなかったとは言えないように思われる。『実利論』の内容がマウリヤ朝時代の統治や外交、軍事、社会の状況を示す重要史料であることは衆目の一致するところであり、この時代についての文献では必ずと言っていいほど言及されている。マウリヤ朝の草創期に国政を担ったのがカウティリヤであれば、彼による統治の機構や実践、思想を反映したものと見て良いのではないか。ただ、カウティリヤ自身が筆をとったのか、学匠や部下など彼をよく知る立場にあった他の人間が書いたのかという問題は残る。

『実利論』で用いられている単語に注目して、これが必ずしもカウティリヤの同時代に成立したものではないという指摘もある。たとえば上村は、絹の産地として「秦」を表す「チーナ（Cīna）」という地名が挙げられているが、これがインドで用いられるようになったのは紀元前三世紀後半だとしている。そうなると、紀元前四世紀後半を生きたカウティリヤとは時代が合わない、というわけだ。

今日知られているかたちの『実利論』が成立したのは、上村説によれば紀元前二世紀～紀元後二世紀とされる。もちろんカウティリヤは存命ではない（マウリヤ朝滅亡が紀元前一八〇年頃である）。その後、シュンガ朝、カーンヴァ朝、サータヴァーハナ朝、クシャーナ朝といった諸王朝が成立と滅亡を繰り返していったが、その中で『実利論』が形作られていったということになる。これらの王朝はいずれもマウリヤ朝のような帝国を築くことも、広大な版図を統治することもできなかった。『実利論』は、そうした時代を生きた学匠たちが、答えをチャンドラグプタとカウティリヤの治世に求めるなかで編纂していったのかもしれない。

これは中国の兵法書『孫子』が、孫武の著したものを後世の人間が加筆・整理し、とくに魏王（武帝）・曹操が注釈を加えて現在に受け継がれているのに似ている。『孫子』が後世に加筆されたからといって、その価値が減じるとは思えない。それと同様に、『実利論』もカウティリヤの時代を中心にマウリヤ朝における統治の要諦を論じ、その内容は当時を知るだけでなく、時代を超えて現代においても活かすことのできる部分が少なくないと言える。

コラム①　インド二大叙事詩『マハーバーラタ』と『ラーマーヤナ』

インド文化を理解する上で外せないのが神話だ。本章で言及したヴェーダ時代には、『リグ・ヴェーダ』でインドラという神への讃歌が多数記されたほか、後にはブラフマー神による創造神話も作られた。時代が下り紀元三～四世紀になると、『マハーバーラタ』と『ラーマーヤナ』という、いずれもサンスクリット語で記された二つの壮大な叙事詩が成立する。

『マハーバーラタ』はマウリヤ朝の頃から形成され始め、紀元四世紀に現在に伝わるものが成立したとされる。クル国の後継者をめぐり王族が「パーンダヴァ側」と「カウラヴァ側」の二つに割れて、両陣営の間でクルクシェートラを舞台として起きた壮絶な大戦争と後日譚を描いた物語だが、いくつものサイドストーリーやエピソードが追加された結果、全一八巻、「世界最長の叙事詩」と言われるまでの規模になった。

なお、その第六巻に収められている『バガヴァッド・ギーター』はパーンダヴァ側王子のひとりアルジュナと彼の師となるクリシュナの間で交わされた対話をまとめたもので、『マハーバーラタ』の白眉とされている。ちなみにクリシュナはヴィシュヌ神のアヴァター（化身）とされ、ヒンドゥー教徒の間でもっとも人気のある存在だ。なお本章でも少し触れたように、物語の内容は十六大国時代にクル族（バラタ族とも）の支配地域で起きた戦争がモチーフになっているとされ、当時の歴史的背景を反映したものと言える。

『ラーマーヤナ』のほうは、紀元三世紀頃にヴァールミーキという詩人によって編纂された全七巻からなる物語である。十六大国のひとつコーサラ国のラーマ王子が主人公で、さらわれた妻のシーターを奪還すべく、ランカー島（現在のスリランカと考えられる）に大軍を率いて乗り込み、ラークシャサ（羅刹）の王ラーヴァナと戦いを繰り広げるというのが物語の骨子である。猿のハヌマーンや鳥王のジャターユ、弟のラクシュマナなどラーマを助ける側から敵役《かたき》まで魅力あふれるキャラクターが数多く登場し、個々のエピソードも面白い。王に即位するための戴冠式を目前にしたラーマが、実子の即位を願う継母とその侍女の策略で森に追放されてしまう一幕も劇的だ。この物語はインドのみならず東南アジアにも伝播し、影絵や舞踊、彫刻など、さまざまなかたちでいまも残っている。

この二大叙事詩は日本で言えば『古事記』と『日本書紀』に相当すると言えるが、今日に至るまでインドの人々に絶大な影響を及ぼしつづけているという点では、はるかに大きな存在だ。人口の八割弱を占めるヒンドゥー教徒にとって二大叙事詩はいずれも聖典と位置づけられているし、『ラーマーヤナ』のラーマ王子は三大神の一柱《ひとはしら》であるヴィシュヌの化身とされている。最大の娯楽である映画では、叙事詩の登場人物やエピソードがストーリーに織り込まれていることもよくある。他にもテレビドラマから大人向けの小説、子ども向けの絵本まで、二大叙事詩はいまでも「鉄板」のテーマでありつづけている。

インド人にとって二大叙事詩は大きな意味を持っているがゆえに、現代の政治に影響を及ぼすこともある。『ラーマーヤナ』のラーマ王子は、コーサラ国の都アヨーディヤで生まれたとされている。アヨーディヤという都市は現在でもウッタル・プラデーシュ州の北部に存在しており、約五万六〇〇〇人（二〇一一年）が暮らしている。この地には、一六世紀前半にムスリム王朝であるムガル帝国初代皇帝のバーブルによって、バーブリー・マスジッドという名のモスクが建立された。一九八〇年代以降、これを問題視するヒンドゥー・ナショナリストの活動が活発になり、九二年には過激派によってモスクが破壊される事件が起きた。ここはラーマの生誕地なのだから、そのための寺院「ラーム・マンディール」を建立すべきというのが彼らの主張だった。インドではこの問題をめぐりその後も論争や活動がつづいていたが、二〇一九年、最高裁により跡地をヒンドゥー教側に引き渡す判決が下され、二四年一月にはモディ首相も出席して落成式が執り行われた。

両叙事詩から外交に関する示唆を得たり、世界観を汲み取ろうとしたりする試みもある。これは現職外務大臣のS・ジャイシャンカルによるもので、初の著書『インド外交の流儀』では、『マハーバーラタ』を通じて現代世界や国と国の関係を論じている。二冊目の著書『*Why Bharat Matters*』(『インド外交の新たな戦略　なぜ「バーラト」が重要なのか〈仮題〉』。二五年春に拙訳で日本語版が刊行予定)でも、各章の冒頭に『ラーマーヤナ』のエピソードを交えながらインド外交の発想や日米印豪の四か国による「クアッド」の取り組み、中国やロシアとの関係を論じるというスタイルを取っている。本書で取り上げた『実利論』も同様だが、インドのオリジナリティを古代に求め、西洋の概念を当てはめるのではなく、自前の枠組みで外交や政治を捉え直そうというのが近年の大きなトレンドになっている(日本でも『古事記で知る日本外交論』や『日本書紀で読み解く現代世界』といった企画があれば読んでみたいが、そういう本はさすがに出ないのではないか）。

日本でも近年、インド神話が少しずつ知名度を高めている。ひとつは二〇二二年に公開されるやたちまち大ヒットし、ロングランとなったインド映画『ＲＲＲ』の影響だ。後半のストーリーに関わるのでネタバレにならない範囲で登場人物を紹介しよう。舞台こそ一九二〇年のイギリス植民地支配下のインドだが、二人の主人公の役割は『ラーマーヤナ』を念頭に置いたもので、ラーマはその名のとおり『ラーマーヤナ』のラーマ王子、もうひとりのビームはハヌマーンに相当する。さらにラーマの許嫁《いいなずけ》の名は、そのものずばり「シーター」なのだ。この映画の歴史的背景については拙著『「ＲＲＲ」で知るインド近現代史』（文春新書）で徹底解説したので、ぜひお読みいただきたい。もうひとつは「Ｆａｔｅ／Ｇｒａｎｄ　Ｏｒｄｅｒ（ＦＧＯ）」というスマートフォン用のゲームで、こちらもラーマやシーターが登場する（ただし、ビジュアルは『ラーマーヤナ』で描かれるものとはかなり異なる）。

『ＲＲＲ』でも「ＦＧＯ」でも、そこで興味を持ったファンやユーザーにはせっかくなので「本家」の二大叙事詩の世界にも足を踏み入れてほしいと願っている。『マハーバーラタ』も『ラーマーヤナ』も、複数の邦訳が出ている。完全版はさすがに長いが、読みやすい形式にしたものや解説本も多いので、入りやすいものから手に取ってみてはいかがだろうか。さらに、『ラーマーヤナ』については日本の「お家芸」、アニメ版がある。日印合作の『ラーマーヤナ　ラーマ王子伝説』だ。一九九八年公開の作品だが、日本国内で単発の上映会が開催されることもある。機会があれば観てみてほしい。

第2章　国家統治で追求すべきは「実利《アルタ》」

「魚の法則」の克服と王の役割

『実利論』は冒頭で取り扱うテーマや各ヴァルナの役割等についてひととおり説明した上で、秩序の重要性と王の役割から論を始めている。

王杖《ダンダ》を全く用いぬ場合は、魚の法則（弱肉強食）を生じさせる。即ち、王杖を執る者が存在しない時には、強者が弱者を食らうのである。王杖に保護されれば、〔弱者も〕力を得る。（一-四-一三〜一五）

ここでいう「王杖」とは実際の杖ではなく比喩的な意味で、「権力」や「刑罰」を意味する。つまり、国が制御不能になれば弱肉強食の状態がはびこってしまう、そうならないために秩序を構築し、弱者を保護することが重要というのである。

この部分を読んで想起するのは、ホッブズが『リヴァイアサン』で行った、人間の自然状態は「万人の万人に対する闘争」であるとした上で、人間が自らの自然権を国家に譲渡し統治を委ねることで秩序がもたらされるという指摘だ。もちろん、ホッブズが社会契約説にもとづいてこう主張しているのに対し、『実利論』にはそのような考え方はなく、人民の権利についての言及はない。それでも、自然状態を放置すればアナーキーな状態が発生し、戦いが続くという認識の一致が見られる点は興味深い。また、民に対する姿勢についても、次のように記されている。

王の幸福は臣民の幸福にあり、王の利益は臣民の利益にある。王にとって、自分自身に好ましいことが利益ではなく、臣民に好ましいことが利益である。（一―一九―三四）

そこで問われるのは、王杖の用い方である。思うままに振り上げれば良いかというと、そうではないと『実利論』は説く。

苛酷なる王杖を用いる王は生類の恐怖の対象となる。軟弱なる王杖を用いる者は軽蔑される。適切に王杖を用いる王が尊敬されるのである。実際、よく熟慮して用いられた王杖が、臣民に法《ダルマ》と実利《アルタ》と享楽《カーマ》とをもたらすものであるから。（一―四―八〜一一）

では、王が適切に王杖を用いられるようにするためには、どうすれば良いのか。『実利論』では、修養《ヴィナヤ》にもとづくことが重要と説かれている。その修養は王子の時点から始まり、書き方や算術、ヴェーダ学、哲学、経済学、政治学といった多岐にわたる学問を学ぶ必要があるとする。その過程の中で、学問の先達と交際することで修養のいっそうの増進が図られるとも指摘している。

修養はこうした座学だけにとどまらない。「象・馬・戦車・武器の術に関する調練を受けるべきである」（一‐五‐一二）とあり、心身両面の鍛錬が求められていたようだ。自らを律することも必須項目になっている。そこでは「六種の敵」、すなわち「愛欲・怒り・貪欲・慢心・驕慢・〔過度の〕歓喜」（一‐六‐一）を捨てることによって感情をコントロールするべきだという。この「敵」は現代においても、そして君主のみならず誰しも直面しうるものだろう。二〇〇〇年の時を隔てても人間の感情にはあまり変化がないことがうかがえて興味深い。

それだけに、「敵」に打ち克つのは容易ではない。続く第七章では、「長老との交際により智慧をみがき、諜報活動により眼を養い、〔精力的な〕活動により安寧を実現し、〔自己の〕任務の教示により〔臣下〕各自の本務を遵守させ、諸学の教えにより自己を陶冶し、

〔人々に〕実利をもたらすことにより世間の人気を得、有益なことを行って生活を維持すべきである」（一‐七‐一）と説く。

ただ、『実利論』はこうした「べき論」だけに終わらず、「べからず論」が続く。

このように感官を制御して、他人の妻や財物を奪ったり、他者を害さぬよう心がけるべきである。また、惰眠、気紛れ、虚偽、華美な服装、無益な連中との交際、〔要するに〕法にもとる営み、実利をもたらさぬ営みを避けるべきである。（一‐七‐二）

ある意味、こうしたことが当時もあり、それに抗おうとしてもなかなかうまくいかなかったことを示唆していると言えよう。本書次章の外交・軍事編では対外的な敵国への接し方を扱っているが、この「内なる敵」も相当に手強《てごわ》かったことが読み取れる。

日課表に見る王の多忙な一日

王杖を持つ王の権力は絶大である。それだけに彼の職務は多忙をきわめる。『実利論』には王の日課が詳しく記されており、別表にまとめた。実際に日々このとおりに運用されていたわけではないにしても、王の多忙さの一端を示すものとして興味深い。

ここでは一日を「昼」と「夜」にわけ、さらにそれぞれを八つにわけている。そうすると、「八分時」は九〇分ということになる。起床時間や「昼の終りには、黄昏を念想すべき」(一-一九-一七)とあるのを考えると、現在の感覚でいう昼夜とは異なり、夜の第6〜第8八分時は朝方に相当するものと思われる。

とにかく多忙であることがわかる。いくつもの会議をこなし、軍の閲兵にさまざまな関係者との会見、さらには王になってもヴェーダの学習は欠かせなかったようだ。実際にはどうだったかわからないが、睡眠には四時間半しか充てられていない。起きているときに一息つけたのは、黄昏時の念想(瞑想のことだろう)くらいだったのではないだろうか。

『実利論』ではインテリジェンスの役割がことのほか重視されているのも大きな特徴だ。それは王の日課でも、昼と夜のそれぞれで情報収集やスパイとの面会が設定されていることからもうかがえる。

日課表では、一日二回の食事がある。余暇がほとんどない王にとって食事は数少ない楽しみだったはずだが、これとて安心できるものではなかった。毒殺のリスクがあったからである。それだけに王の食事には細心の注意が払われた。それは調理の段階から始まって

王の日課

	八分時	職務
昼	1	国防政策、収入・支出について諮問
	2	市民と地方民たちの事件の調査
	3	沐浴と食事、ヴェーダの学習
	4	金銭による収益の受領、各長官への指令
	5	顧問官会議、諜報活動で得た秘密情報の把握
	6	気の向くままに寛ぐ、または協議を続行
	7	象隊・騎兵・戦車隊・歩兵の閲兵
	8	将軍とともに軍事計画を考察
		昼の終りには黄昏を念想する
夜	1	スパイたちとの面会
	2	沐浴と食事、ヴェーダの学習
	3	楽器の音とともに就寝
	4	睡眠
	5	睡眠
	6	楽器の音とともに起床、論書となすべき仕事について考察
	7	協議のために坐し、スパイたちを送り出す
	8	行祭官・学匠・宮廷祭僧の祝福を受ける、医師・料理長・占星家たちと会見

『実利論（上)』をもとに筆者が整理した

おり、「料理長は警備された場所で、何度も味見をしつつ、一切の仕事をなすべきである」とされた（一―二一―四）。王はその料理を「火神《アグニ》と鳥たち」に供えてから食べることになっており、もし毒が含まれている場合には火や煙に異常が出たり、米飯であれば湯気の色に変化が生じるなどと説明する（一―二一―五～七）。そして万が一王に何かあった時に備えて、「解毒術を知る者や医師たち」（一―二一―九）が待機していた。さらにはその薬ですらも毒味をして安全性を確認したというから、徹底している。

これ以外にも王の安全確保の対象は生活や執務のあらゆる側面にわたっている。理髪師や化粧係は施術前に沐浴をして衣服や手を清め、道具も王宮守備官のチェックを通す必要があった（一-二一-一二）。沐浴係、マッサージ師、寝室係、洗濯係、花環作りは、潔白が証明された奴隷女が行い、役者は演技に際して武器と火を用いてはならないとされた（一-二一-一三、一六）。船や馬といった移動手段に関する留意事項も記され、行幸の際には警護に万全を期さなくてはならないともされている（一-二一-一八〜二八）。

王を支える大臣の人選

時代と場所を問わず、統治において重要な要素を占めるのが人事だ。とりわけ幹部や側近をどうするかは、政権の命運を左右する。それだけに、『実利論』でもこの点に多くの紙幅を割いている。

「大臣の任命」と題した第八章は、冒頭に複数の学匠による発言を紹介している。少々長くなるが、一部を紹介してみよう。

「共に学んだ人々を大臣に任命すべきである。彼等の廉潔さと能力とが証明されているからである」とバーラドゥヴァージャは述べる。「王にとって、彼等は信頼に値するからである」と。

「それは正しくない」とヴィシャーラークシャは言う。「彼等は共に遊んだ仲間であるから、王を軽蔑する。むしろ、自分と共通の秘密を有する人々を大臣に任命すべきである。徳性と悪徳とを同じくするから。実際、彼等は王が自分たちの弱点を知っていることを恐れ、王に背くことはないのである」と。

「その恐れはお互いさまである」とパラーシャラの支持者たちは言う。「彼等のほうも王の弱点を知っていると恐れ、王は彼等が〔過失を〕行っても、〔義務を〕行わなくても、それを容認することとなる。（中略）生命の危険を伴う災禍において王を助けた人々を大臣に任命すべきである。彼等の忠誠心が証明されたからである」と。（一―八―一～八、一〇）

この後も数人の学匠の見解が披露され、最後にいわば「真打ち登場」で、カウティリヤの発言が記される。

「以上の諸説はすべて〔情況に応じて〕妥当である」とカウティリヤは述べる。というのは、人の能力は〔各々の〕職務に関する能力に応じて判断されるからである。そして、〔各人の〕能力に応じて、大臣の階位を分ち、場所・時間と職務とを定め、以上あげたすべての者を大臣に任ずべきである。（後略）（一―八―二七～二九）

このスタイルは『実利論』の随所で展開されており、読者はあたかも学匠たちの議論をライブで見ているような臨場感を味わうことができる。同時に、前章の最後で触れたように、この書はカウティリヤがひとりで執筆したというよりは、彼を含む複数の者が長い年月にわたる期間のなかで蓄積された知見をまとめたものであることを示していると言えるだろう。

内容面について言えば、いわゆる「お友達内閣」の功罪両面に触れつつ、適材適所であるべきという原則論が示されている。この次に大臣の要件について、「自国民であること。生まれのよいこと。容易に善導され得ること。技能《シルパ》に通達していること。〔政治論の〕見識があること。智慧があること。持続力があること。〔仕事に〕巧みであること。雄弁。

大胆さ。才知のあること。気力と権力をそなえていること。苦悩に耐えること。（後略）」（一-九-一）といった具合に一九の項目が列挙されている。その上で、「これらの要件のうちの四分の一を欠いたものは中位、二分の一を欠いたものは最低の大臣である」（一-九-二）と、「考課基準」も示されている。

とはいっても、並み居る大臣の能力やバックグラウンドの詳細を把握するのは容易ならざることだ。そこで、「信頼のおける人」や「同学の人々」といった第三者の情報、災禍に直面した際の対応という危機管理能力やレジリエンス、雄弁さや大胆さを知るためには会話を通じた「プレゼン力」等を調査すべきだとしている。そして「愛すべき人柄と、敵を作らぬ人柄とは、直接知によって（王自身の観察を通じて）調査すべきである」（一-九-三）として、いわば「コミュ力」の有無を王みずから判断すべしとする。

これらは正論には違いないが、いわば「きれい事」だ。『実利論《サットリン》』「らしさ」は、むしろこの後の第一〇章に表れている。ここで登場するのが宮廷祭僧と秘密工作員で、大臣に対する「面接試験」を担当する。彼らは各大臣を個別に呼び出し、こう告げるのだという。

「この王は法（正義）にもとる。そこで法を重んじる他の者、例えば、〔王位を狙う〕

王家の一員か、不遇の王子か、〔一般の〕王家の一員か、王国の大黒柱〔である大臣〕か、隣国の王《サーマンタ》か、林住族長《アータヴィカ》（引用者注：森林に住む部族の長）か、成上り者を王位につけるのがよい。このことはすべての人に歓迎される。あなたの場合はどうかね？」（一－一〇－三）

「王妃様があなたを愛され、密会の手はずを整えておられます。しかも、あなたは莫大な財産を手に入れるでしょう」（一－一〇－七）

答えは明らかで、いずれも拒絶すれば潔白、その気を見せたり躊躇《ちゅうちょ》したりすれば疑わしき者ということになる。この他にも、大臣全員をあえて投獄し、牢屋にあらかじめ投獄させておいた「詐欺学生」が彼らを扇動し、「この王は悪しき行為をなす。彼を殺して他の者を王位につけるのがよい」とけしかけるという、手の込んだ「試験」も挙げられている（一－一〇－一〇～一二）。

王子に対する警戒を怠るな

王は大臣だけに注意を払えばよいわけではない。もうひとつ重要なカテゴリーがある

——身内である。王制の宿命として、王子の中から後継者を育て、王に万一の事があった際にはすぐに対応できる備えをしておくべきだが、その王子が自分に向かって牙を剥くリスクを無視するわけにもいかないのである。『実利論』でも第一巻第一七章でこのテーマを扱っているのはその表れと言える。この章は次の詩節《シュローカ》で始まる。

側近の人々、敵たち、そして〔何よりも〕まず妻妾や息子たち〔の危険〕から身を守った時に、王は王国を守護することができる。（一―一七―一）

この後は例によって学匠たちの議論の紹介が続く。「誕生の時から、王子たちを警戒しなければならぬ」「王子というものは、蟹と同様の性質で、生みの親を食らうからである」「父親は彼等に愛着を抱かぬうちに、沈黙の刑（謀殺）を加えるのがよい」というかなり極端な見解が提出される。これに対して「罪の無い者を殺し、またクシャトリヤ（王族）の種を絶やすことにもなる」という至極真っ当な反論が出るが、別の者からは「一ヵ所に閉じ込めておくのがよい」といった対策も提案される。「国境守備官の城砦に〔彼を〕住まわせるのがよい」という提案に対しては、王子は帰還を図るべく「国境守備官と親交を結ぶであろう」と反論される（一―一七―四～八、一一、一三）。

そしてカウティリヤは、こうした議論を踏まえた上で、こう指摘する。

〔王子が王に〕逆心を抱く時は〔彼等は王に〕報告すべきである。それが愛しい一人息子の場合は、王は彼を投獄すべきである。王が多くの息子を持つ時は、〔逆心を抱く王子を〕、彼が胎児や商品や騒乱〔の種〕にならぬような、辺境や異境に送るべきである。〔王子が〕人格的な要件をそなえている時は、彼を将軍や皇太子の位につけるべきである。（一―一七―四〇～四三）

ここで終わらないのが『実利論』の面白いところで、次の第一八章は、不遇の立場に置かれた王子がどう振る舞うべきかについても解説している。

……父が満足せず、他の息子や妻たちに愛着する時には、森へ行くことを父に願い出るべきである。また、投獄や死の恐れがある場合には、（中略）隣国の王のもとに、庇護を求めるべきである。そこに滞在して、経済力と軍事力とを獲得し、勇猛な人物の娘

を娶り、林住族長と結びつき、〔父の王国の〕誘惑可能分子を味方に引き入れるべきである。（一―一八―五〜七）

もちろん、王の側とてそんな不遇の王子の魂胆は見抜いている。この章の終盤では、部下や母親を通じて引き戻すよう試みるべきとしつつも、最後には冷酷にこう言い放っている。「王が彼を見放したら、スパイたちは武器か毒を用いて、彼を殺すべきである」（一―一八―一四）、と。身内とはいえ、いや身内だからこそ、冷酷に徹するべしという考えがにじみ出ていると言える。

象長官から遊女長官まで――詳細な統治機構

『実利論』の第二巻では、統治機構についてかなり詳細に記されている。それを整理して表にしてみた。ここではすべての長官職や担当官の任務について解説することはしないが、全体の特徴や注目すべきポストをいくつか取り上げてみよう。

まず驚かされるのは、担当分野の細かさだ。国庫の管理や徴税、臣民の移動の管理から鉱業や農業をはじめとする産業、動物の管理や運輸、軍備まで、現代の政府と比べても遜色のない体制と言えるのではないだろうか。実際には名目的なポストや複数ポストの兼任、時代による変遷等もあったのかもしれないが、マウリヤ朝が高度な統治機構を備えていたことがうかがえる。

わたしの関心を惹いたのは、計量長官の役割について詳細に説明されていることだった。第一九章・第二〇章では、ありとあらゆる度量衡や暦、時間、空間の単位についての説明があり、それが計量長官の任務だとされている。たとえば距離については、「ヨージャナ」(約九マイルとの注釈あり)という単位があり、「一ヨージャナ＝四ゴールタ＝八〇〇〇ダヌス」といった具合に換算されている(二―二〇―二五～二六)。広大なインド亜大陸のこと、各地でさまざまな単位が用いられていただけに、それらの統一を図ることは相当な努力を要したはずだ。インド統一の柱のひとつは度量衡その他の統一だったとも言え、その責任者である計量長官の役割は大きかったことだろう。ただ、最終的にマウリヤ朝では度量衡の統一は完成しなかったとされる(三田二〇二二)。

一方で、インドあるいは当時ならではというポストもある。ひとつは「象長官」である。ナンダ朝やマウリヤ朝の軍は歩兵、騎兵、戦車、そして象の四軍体制だったことは前章で述べた。そしてマウリヤ朝がセレウコスの軍と講和した際に五〇〇頭の象を渡したことか

政府の長官・担当官

分類	
国庫・行政	宝庫長官、計量長官、税関長官、旅券長官
資源・産業	鉱山長官、金属長官、黄金長官
農林・食糧	食塩長官、糧食庫長官、商品長官、林産物長官、紡績長官、農業長官、酒類長官
動物・運搬	畜牛長官、屠殺場長官、馬長官、象長官、牧場長官、船舶長官
社会	都市長官、遊女長官、賭博長官
防衛	武器庫長官、戦車長官、歩兵長官
情報	秘密情報部員
長官以外	守蔵官、国境守備官、会計官、主税官、徴税官、貨幣検査官

出所）『実利論』第二巻にもとづき、筆者が整理した。なお、分類は筆者が便宜的に設定したものである
注）この他に、地方や村落レベルの統治体制についても言及されている

らも、象が貴重な戦力だったことがわかる。現代なら爆撃機や戦闘機に相当すると言えるかもしれない。ちなみに象部隊は第二次世界大戦のインド戦線でも活躍した。インドやビルマのイギリス軍に「エレファント・カンパニー（中隊）」があり、国境地帯のジャングルで日本軍を苦しめたことが記録に残っている。

『実利論』では象長官の説明に二章が割かれている。「戦車長官」「歩兵長官」「将軍の行動」がまとめて一つの章で扱われていることと比べると、象長官が重要ポストだったことがいっそう鮮明になる。その説明によると、象長官の所掌は、象林の保護、象舎、食糧、足枷《あしかせ》や用具の管理、戦時用の装具、象医、調教師、付き人の監督など、多岐にわたる。象の大きさと、数百

像に難くない。

頭単位だったであろうことを考えれば、食糧の調達ひとつとっても大仕事だったことは想

「遊女長官」なるポストがあったことも驚きだ。売買春が公認されており、そこに国の管理がかなり入っていたことを示している。遊女になる者の条件、脱走・死亡した場合の対応、遊女にかかわる犯罪の種類と刑罰などの規定が記されている。遊女以外に、女性がかかわる職業も遊女長官の所掌だったようだ。「女を用いて仕事をする役者・舞踊家・歌手・演奏家・咄家《はなし》・吟誦家・綱渡り・奇術師・旅芸人に属する女たち」、また「歌・器楽・吟誦・舞踊・演劇・文字・絵画・琵琶《ヴィーナー》・笛・太鼓《ムリダンガ》・読心術・香や花環を作ること・会話術・マッサージ・遊女の手管など、技術《カラー》に関する知識を、遊女や奴隷女や舞台で生活する女たちに教える者」(二・二七・二五、二八)についての言及がある。後者は男性も含まれる可能性があるが、当時女性が家庭の外で従事できた仕事の一端がうかがえて興味深い。

いまも昔も人間の欲望にそう大差がないことは、賭博に関する言及が随所にあることからも示されている。賭博があるという現実を必要悪として、また税収源として捉え、「賭博長官」というポストも設けられていた。賭博場は一か所に集中する、イカサマが起こらないように道具は公認のものを支給する、獲得金額の五パーセントはじめさまざまな手数

料を徴収するといった具合に、「公営ギャンブル」とは言わないまでも、ここでも国家が相当程度介入していたようだ（三－二〇－一、七～八、一〇）。

その一方で賭博と酒の比較では、前者のほうが悪いという見解も示している。勝ち負けが分かれることによって、臣下たちの間に対立が生じたり、さらには共同体《サンガ》が「賭けが原因で離間したり、それが原因で滅亡したりする」ことすらあるとし、「諸々の悪徳のうちで最悪のもの」で「行政を無力化する」と指摘している（八－三－六一～六四）。

古代インドの「高給取り」はどの職業か？

こうした各長官の職務説明に加えて、政府関係者や民間の俸給の額まで掲載されている。これも表を参照してほしい。

この一覧からは、マウリヤ朝の時代にどのような職業が高く評価されていたのかが読み取れる。なお、この「パナ」という単位をどう評価するかという問題がある。ざっくりとしたかたちにはなるが、「一パナ＝一万円」とすればイメージしやすくなるかもしれない。

王の親族や側近、高官、軍事部門の責任者の待遇が良いのは当然として、特定分野の専門知識を持つ者、現代風に言えば「高度人材」の俸給も悪くない。学者の場合は基本の俸

政府関係者および民間の俸給表

役職等	金額（単位：パナ）
行祭官、学匠、顧問官、宮廷祭僧、将軍、皇太子、王母、王妃	48,000
門衛長、王宮守備官、執事長、主税官、守蔵官	24,000
王子、王子の母、司令官、都市の裁判官、工場長、顧問官会議のメンバー、地方長官、国境守備官	12,000
武士団の長、象隊・騎兵・戦車隊の長、司法官	8,000
歩兵・騎兵・戦車隊・象隊の管理長官、物資林・象林の守護官	4,000
戦車の馭者、象の御者、医師、馬の調教師、建築家、動物飼育係	2,000
占者、前兆学者、占星家、プラーナ学者、吟誦詩人、讃嘆者、宮廷祭僧の部下、すべての部局の長官	1,000
技能をそなえた歩兵、会計官、書記官、楽器職人	500
役者	250
職人、工芸家（技師）	120
四足動物や二足動物の世話をする召使、従者、付き人、番人、労働者の頭、アーリヤに監督された騎手、侏儒、山師、一切の従者	60

特別な任務・臨時の任務に従事する者の手当

学匠、学者	500〜1,000
普通の使者（1ヨージャナにつき）	10
祭典などの供犠におけるラージャン（祭官）	同等の学識者の3倍
王の戦車の馭者	1,000

出所）『実利論』第五巻第三章にもとづき、筆者が整理した

給に加えて、臨時収入もあったようだ。さらに、祭祀を司る者（バラモンということになる）はその都度ということになるのだろうが、同等の学者の三倍というから重要な存在であったことがわかる。

意外なところでは、工場長や国境守備官の俸給がかなり高いことが注目される。これは「これだけあれば、彼等は主君の忠実な従者、協力者となるであろう」（五-三-八）という補足があり、リソースを手にしている者や中央から眼が届きにくい者が王に不満を抱くことがないよう経済的に満足させておくという意図があったようだ。

一方で、各部局の長官の俸給は低いわけではないが、全体の中の位置づけや職務の複雑さからすると、もっと高くても良いのではという気にもなる。医師の俸給は長官の倍とはいえ、現代の感覚からするとこれも低く感じる。当時の医療水準では治療できる範囲も限られていたからだろうか。なお、この他にスパイ関連の俸給も列挙されているが、これは第4章で扱う。

ただ、俸給だけで誰もが満足するとは限らない。どの時代でも汚職や不正を働こうとする者は後を絶たない。だからこそ、『実利論』でも官吏に対する監査の重要性が説かれている。

大臣の任命に当たっては能力に応じた適材適所をとカウティリヤは記したが、「人間の心は不定である」として、「常に監査をなすべきである」と注意を喚起している（二-九-二）。この問題意識は、以下の指摘にも表れている。

蜜であろうと毒であろうと、舌の上に置かれたらそれを味わわずにはいられないように、官吏は王の財産をわずかでも味わわずにはいられないものだ。

水中を泳ぐ魚が水を飲んでも知られることがないように、職務に任じられた官吏が財を着服しても知られることはない。

空を飛ぶ鳥の道は知ることができよう。しかし、密かに行動する官吏の道は知り得ない。

〔不正に〕蓄積したものを流出せしめよ。配置転換をせよ。彼等が財を食いつぶさないように。食べたものを吐き出すように。（二-九-三二～三五）

監査官は象、馬、戦車で移動するとされているが、これは迅速に対応することで汚職官吏の逃亡や証拠隠滅を防ぐねらいがあってのことだろう。このほか、長官は「仕事の本質と収入と支出とを、詳細に総体的に報告すべきである」（二－九－一九）とした上で、会計官や書記、貨幣検査官、残高受領者、監査官とともに職務の遂行に当たることも明記されており、汚職を未然に防止するべくチェック体制を構築していたことがわかる。

司法制度①――民事編

『実利論』の第三巻と第四巻は司法制度について論じている。細かな異同はあるものの、総じて前者が民事、後者が刑事を扱っている。

民事では、裁判においては大臣三人が裁判官になり、契約から生じる訴訟事件を審理すると定められている（三－一－一）。契約については、それが有効か無効かに関する判断基準を列挙した上で、提訴時に必要な情報、証拠や証人の申請、判決といった訴訟手続きについても説明がある。つまり、民事訴訟法的な内容から始まっているのである。裁きにおける原則も記されているが、いくつか引用しよう。

係争中の問題は四足を有する。即ち、法・契約（及び訴訟）・慣習・王勅。後のものは先行するものを無効にする。

そのうち、法は真実《サティヤ》に基づく。一方、契約は証人に基づく。慣習は人々の総意に基づく。一方、勅令は王の命令である。

臣民を法により守る王が自己の義務を遂行することは、彼を天国に導く。王が守護せず不正な刑罰を科する場合は、逆の結果となる。

何となれば、王が息子にも敵にも罪に応じて公平に刑罰を科すれば、かかる刑罰のみこの世と他の世とをよく守るから。（三—一—三九〜四二）

この後に具体的な民事分野のテーマについての説明があるのだが、そのうち前半部分は次のような具合だ（一つのテーマが複数の章にわたる場合がある）。

- 婚姻に関すること（第二〜四章）
- 遺産分配（第五〜七章）
- 不動産について（第八〜一〇章）
- 協約不履行（第一〇章）
- 負債の不返済（第一一章）
- 寄託に関すること（第一二章）

・協同事業（第一四章）
・売買〔契約〕の解約（第一五章）

これ以外に「奴隷と労働者に関する法規」（第一三章）のように現代にそぐわないものもあるし、当然ながらそれぞれの中身は当時の価値観にもとづいたものではある。それでも、現代のものと言われてもまったく違和感がない項目が並んでいることには驚かされる。

司法制度②――刑事編

第四巻は刑事編であるとともに、職人や商人といった民間の事業に対する監視、さらには災害対策も含まれている。刑事裁判と検察、警察、危機管理にわたる分野をカバーしていると言えるだろう。なお、第四巻のタイトルは「刺《とげ》の除去」となっているが、この「刺」とは犯罪者のことを指す。

個人間の暴力については、第三巻と第四巻の両方に規定がある。現在の法制度では刑事に分類されるが、古代インドでは民事の範囲に含まれる部分もあったようだ。興味深いのは「暴力」の定義である。

「肉体的暴力」というカテゴリーが第三巻第一九章にある。ヴァルナによって刑罰が異なる部分もあり、「シュードラが手や足でバラモンを打つ場合は、彼のその手や足を切り取るべきである」(三-一九-八)といった残酷な刑が設定されている。

極刑すなわち死刑に処されるのは、喧嘩で人を殺した者とされる。被害者が即座に死亡した場合(それほど残虐な殺害だからということだろうか)は拷問を伴う死刑を、七日以内に死亡した場合には「単なる死刑」を科すとされている(四-一一-一~二)。「偶然に人を殺した場合」、つまり過失致死も「単なる死刑」だが、家畜の群を盗んだ場合も同様の刑に処されるとある(四-一一-一五~一六)。ここでいう「群」とは「少なくとも十頭」とのことで、現代の感覚だと窃盗罪で死刑というのはかなり厳しい印象だが、それだけ当時は家畜が生活を左右するほどの重要な財産だったことの証左なのだろう。

もうひとつ「言葉の暴力」というカテゴリーもあり、こちらは第三巻第一八章で、実は「肉体的暴力」よりも前に置かれている。「侮辱と罵倒と恐喝」が言葉の暴力を指すとしている(三-一八-一)。さすがに言葉の暴力を行った場合は、処刑はなく罰金刑にとどまるが、この時代でも誹謗中傷や恐喝が横行し、問題視されていたことがうかがえる。ただ、ここでもヴァルナによって扱いが異なる。同じ暴言でも、上位の者が下位の者に対して行う場合と、その逆の場合では、後者のほうが高額の罰金を科せられる。この他、あからさまな暴言だけでなく、「隻眼や跛の人などに対して、『美しい眼をしている』などと誉めて難ずる場合には、十二パナの罰金を科す」（三―一八―三）のように、言葉とは裏腹に相手の名誉を汚すことも罪に当たるとしている。

窃盗や器物損壊は、その規模や程度に応じて罰金刑を科すとしているが、悪質な場合には「肢体の一部を断つ刑」に処すことが第四巻第一〇章で定められている。この他にも、家屋への不法侵入から性犯罪、公共インフラの破壊といった、当時考え得るあらゆる不法行為が列挙されている。

コラム② 戯曲『ムドラー・ラークシャサ』の中のカウティリヤ

マウリヤ朝宰相としてのカウティリヤがどのような存在で何をした人物なのかについては、同時代の記録がないために正確なところはわかっていない。第1章で触れたように、『実利論』はカウティリヤ本人が関わったとしても、今日に伝わるかたちになったのは後代のことだ。

そうしたなかにも、チャーナキャ（カウティリヤ）を主人公にしたサンスクリット戯曲がある。ヴィシャーカダッタという劇作家の手になる『ムドラー・ラークシャサ（*Mudra Rakshasa*）』というものである。後述する邦訳版の訳者による「解題」によると「徹底した政治劇、というよりは陰謀劇」「インド古典劇の異色作」であり、インド国内以上に国際的なインド学界で高い評価を得ているという。英訳はじめ西洋各国語に翻訳されて研究が進んだ結果、この作品の成立時期も紀元四世紀～一〇世紀というところまで絞り込まれている。「解題」では、「紀元六世紀末葉」との見方が示されており、これに従えばマウリヤ朝が成立した紀元前三一七年からおよそ九〇〇年後に記されたものということになる。

全七幕からなる『ムドラー・ラークシャサ』には、チャンドラグプタとチャーナキヤがそのままの名前で登場する。チャンドラグプタの出自には諸説あるが、この物語では母がシュードラの女性で、母系名が「マウルヤ」とされている。またチャーナキヤについては、バラモンという点では他と共通しているが、マガダ国ナンダ朝の宰相を務めていたところ解任の憂き目に遭い、その屈辱からチャンドラグプタと組んで王朝打倒に乗り出したという設定になっている。なお、軍師と王という関係ながら、チャーナキヤはチャンドラグプタを「ヴリシャラ（シュードラの同義語。邦訳では小僧扱いするという意味で〈童部《わらわべ》〉と訳されている）」と呼んでいるのが、ヴァルナの上下関係とともに二人の間柄が表現されていて興味深い。

二人は軍を率いてナンダ朝に戦いを挑む。彼らは山岳地帯の部族王の加勢も得て戦いを優位に進め、最後は王都パータリプトラで攻城戦の末、陥落に成功する。ナンダ王サルヴァールタシッディは王宮を脱出し遠方に亡命するが、忠臣の宰相ラークシャサは脱出後も市内にとどまり、王朝再興を目指して対抗する。そこでチャーナキャと繰り広げられる戦いが物語の骨子になっている。

ラークシャサも優秀な宰相には違いないのだが、チャーナキャのほうが一枚も二枚も役者が上だった。事前にスパイを派遣し、ラークシャサにはチャンドラグプタ軍のパータリプトラ入城時にチャンドラグプタを暗殺せんとする計画があるのを見抜いていた。またあるときは、自分の失脚説をラークシャサ側に流し、敵が出陣するよう意図的にリードする。これらはまるで、『三国志演義』で蜀の諸葛亮が知略の限りを尽くして魏の司馬懿を翻弄するさまとよく似ている。ただ、『演義』には明代の羅貫中による創作がかなり入っているのと同様に、『ムドラー・ラークシャサ』で描かれるエピソードも、それが史実というわけではない（そもそも『三国志』のような正史があるわけでもない）。ただ、作中に『実利論』への言及がいくつかあることから、ヴィシャーカダッタがそれを参照した可能性は高い。スパイの活用をはじめとする謀略戦も、そこでの内容を踏まえたものと言えそうだ。この作品は、『実利論』の内容を踏まえつつ、チャーナキャがどのような存在として後世に伝えられてきたのかを知るための貴重な史料として捉えるのが適切と感じている。

この物語の邦訳は、『宰相ラークシャサの印章　古典サンスクリット陰謀劇』というタイトルで一九九一年に東海大学出版会から刊行された。翻訳を担当したのは、サンスクリット学者の大地《おおじ》原《はら》豊・京都大学名誉教授である（一九九一年没）。現在では入手困難だが、いまでも所蔵している図書館がいくつかあるので、ぜひ読んでみてほしい。

　ところで、カウティリヤがどんな風貌をしていたのか気になっている読者も多いのではないだろうか。『三国志』の諸葛亮や秦の始皇帝はコミックや映画で描かれているし、古代ローマの皇帝やギリシアの王なら彫像が残っているので想像がつく。だが、古代インドとなるとイメージは湧きにくいはずだ。

1915年頃に描かれたカウティリヤの想像図 ©WIKIMEDIA COMMONS

　マウリヤ朝時代の王や高官の彫像あるいは絵が残っているわけではないので、あくまで想像図にとどまるものだが、カウティリヤについては「定番」のスタイルがある。髪の毛は後頭部の一部だけ長く伸ばして結び、その他は剃り上げてほぼ坊主頭になっている。満洲族の辮髪《べんぱつ》をぐっとコンパクトにした状態に近いと言えばわかりやすいだろう。髭はたくわえておらず、おでこには白の塗料で太い線が三本引かれ、中央には「ティッカ」と呼ばれる赤いしるしを付けていることも多い。首には数珠《じゅず》を一連もしくは二連掛けた状態がよく見られる。服装はサフラン色（オレンジ）または白の布を身体に巻き付けた姿で描かれている。これは基本的に祭祀を司るバラモンのもので、今日のインドでもヒンドゥー寺院などには、髪型以外は良く似たスタイルのブラーミン（バラモン）の僧がいる。『ムドラー・ラークシャサ』の実演でも、チャーナキャはこのスタイルで登場するようだ。

第3章　マンダラ外交の真髄

天的行為と人的行為

帝国の統治下に秩序ある社会を築くことだけでも大事業だが、それで終わりではない。インド亜大陸の大部分を統一したとはいっても、対外的な関係をどうマネージしていくかという問題は依然として大きく、これが『実利論』の後半における主要テーマとなっている。そしてこれが同書においてもっともユニークな部分のひとつでもある。

『実利論』では、この世界に起こることを「行為」とし、それには「天的行為」と「人的行為」の二つがあるとする。天的行為とは幸運と不運であり、当然ながら前者は望ましい結果と、後者は望ましくない結果と結びついているとする。だが、これらは「不可見の力」、すなわち人間の力が及ばず、予見できない領域とされている（六―二―七～九）。

一方、人的行為には「獲得と保全を生み出す」良い政策と「獲得と保全を滅ぼす」悪い政策があるが、これらは「可見の力」によりもたらされる、つまり予見可能性があるとしている。したがって、天的行為を考察する必要はなく、人的行為に集中するべきというのが『実利論』の説くところである（六―二―六、一〇～一二）。

「人事を尽くして天命を待つ」という言葉があるが、カウティリヤはそれをよしとしない。

可能なかぎり人的行為で対処できる領域を広げようとしているかのようなのだ。

運を天に任せる者は、雄々しい努力を欠いているから、何も企てないか、あるいは事業を企てても失敗し、苦しむのである。（七–一一–三四）

これは本章で後述する「無住地のための同盟」で記されているものだが、ある意味『実利論』全体に通底する考え方と言えるのではないだろうか。ただ、むやみやたらと動けば良いというものでもない。次のような戒めもある。

出任せに行動する者は、何事をも遂行しない。彼は以上の者たち（引用者注：運を天に任せる者、味方のいない者等）のうちで最悪である。「出任せに企てる者は、時には征服者の弱点を見出すことがある」と学匠たちは述べる。「弱点を見出す可能性もあるが、同様に滅亡に赴く可能性も［より大で］ある」とカウティリヤは言う。（七–一一–三五～三八）

「出任せの行動」は、相手からすると予期せぬタイプの行動になり得るだけに、意外な結果をもたらす可能性はある。だが、それには大きなリスクを伴うというわけだ。『実利論』が、細かすぎるのではないかと思えるくらい外交や軍事について想定し得る限りのケースを列挙して、それぞれの方針や対抗策を示しているのも、「出任せの行動」を排する考えからだろう。

こうした認識にもとづいて、国家にとっての実利を達成すべく、戦略的な外交思考が語られていく。

マンダラ的世界観

『実利論』が想定する世界観は、西洋近代に確立した主権国家が並立するウェストファリア体制とは大きく異なる。中心にあるのは、王によって象徴される自国である。その周囲に、直接国境を接する隣国群が円環状に広がる。これらの隣国は「本来的な敵」と見なされる。隣国の外周には、その隣国群、すなわち「隣隣国」が広がり、これらは「本来的な友邦《ミトラ》」と位置づけられる（六―二―一四～一五）。こうして広がっていく円環の概念を、『実利論』では「マンダラ（mandala）」と捉えている。「マンダラ」と言うと密教やチベット

同心円状に拡がる意匠が明瞭なインド神話の太陽神スーリヤのマンダラ図 ©WIKIMEDIA COMMONS, The Walters Art Museum

仏教で仏や菩薩を配列し、宇宙の真理を示す図というイメージが強いかもしれないが、起源は古代インドにある（上村訳では「輪円」となっているが、本書では引用部分以外は基本的に「マンダラ」で統一する）。

自国にとってまず問題となるのは当然ながら隣接国、つまり敵である。敵は二つの基準によってさらに細かい分類がある。ひとつは敵の状態に関するもので、こう記されている。

敵の要件をそなえた隣国の王が〔当面の〕敵である。災禍に陥っているものが「可進攻国《ヤータヴィヤ》」である。寄る辺がなかったり、弱小の寄る辺しかないものが、「殲滅さるべきもの」である。その反対の場合が、「苦しめらるべきもの」または「弱体化させらるべきもの」である。（六―二―一六）

もうひとつの基準は敵の本質的な性質にかかわるもので、生まれを同じくする場合は「同胞の敵」、そして敵対したり自国を敵対に向かわせる場合は「人為的な敵」にわかれるとしている（六―二―一九）。いずれも敵であることに変わりはないが、共通のアイデンティティがある分、前者の方が親近感があると言えそうだ。

これは友邦の場合も同じで、「同胞の味方」と「人為的な友邦」がある。後者は「財産や生命のために寄る辺を求めた者」という補足（六－二－二〇）があり、アイデンティティではなくベネフィットの観点から協力するという意味だろう。

自国にとって直近の課題は隣接する敵国との関係をどうマネージするかということになるが、単独で対処することは容易ではない。そこで「本来的な友邦」たる隣隣国の出番となるわけだ。自国と友邦によって敵国を挟撃するというのが基本的なモデルになる。第6章でさまざまなケースを挙げて検討するように、これは現代インドの外交戦略でもしばしば見られる。

なお、このマンダラ的世界観はあくまで自国から見たときの話である。ということは、敵国は敵国で自らを中心に置く、自前のマンダラを持つことになる。その結果、二つのマンダラが重なり合うことになる。実際、『実利論』の中にも、後述する中間国への対応をめぐり、諸王のマンダラに働きかけることによって制圧すべきとの言及がある（七－一八－六～七）。こうして考えると、国家間の関係はそれぞれのマンダラ間の戦いということもできそうだ。

中間国と中立国

ただ、これだけなら、よく言われる「敵の敵は味方」的な発想とあまり変わりがないようにも見える。しかしマンダラ的世界観のオリジナリティは、それに加えて「中間国」と「中立国」という二種類のプレイヤーを組み込んでいるところにある。日本語にすると似た名称になるが、その位置づけと役割は微妙に異なる（なお、R・P・カングレーの英訳では中間国が the middle king、中立国が the neutral king となっている〈Kangle 2014〉）。

中間国と中立国は、それぞれ次のように説明されている。

〔当面の〕敵と征服者（引用者注：ここでは中心に位置する自国のこと）との隣接国で、連盟（引用者注：同盟）を結ぶ時も結ばない時も両者を援助する可能性を持ち、また連盟を結ばない時は両者を抑圧する可能性があるのが、中間国《マディヤマ》である。（六―二―二一）

〔当面の〕敵・征服者・中間国の圏外にあり、〔それらの〕構成要素よりも強力で、連盟を結ぶ時も結ばない時も敵国・征服者・中間国を援助する可能性を持ち、また連盟を結ばない時は彼等を抑圧する可能性があるのが、中立国《ウダーシーナ》である。（六―二―二二）

これだけだとわかりにくいかもしれないので、もう少しかみ砕いてみよう。中間国は自国とも敵国とも隣接しており、双方にとってプラスにもマイナスにもなり得る国ということだ（自国に隣接しているが、本来的な敵国とは見なされていない）。ここでは中間国の規模についての説明はないが、独自のイニシアチブで動く大国ではなく、中規模の国を想定しているように思われる。

中立国は自国、敵国、中間国のいずれにも隣接しない、外部に位置する国である。しかし、中間国とは異なり中立国は強国であり、域外からパワーバランスを左右する力を持っている。友邦だった国（隣隣国）が情勢の変化によって中立国になるという指摘もある。

たとえば以下のような場合だ。

広大な領土を有し、満足し、強力で〔はあるが〕怠惰な友邦、〔また〕災禍のために軽んぜられた友邦は、中立国（無関心）となる。（七−九−四七）

これが示しているのは、隣隣国だからといって自動的に友邦になるのではなく、対応如何によっては自国から離れてしまうことも起こり得るという点だ。中立国には中立国ならではの役割があるとはいえ、敵国との関係上、友邦を失うことのダメージは少なくない。その場合の対策も用意されている。ひとつは「変節しやすい友邦が（中略）和平を結ぶなら、それが変節しないように、それが離脱する原因を除去すべきである」（七―一八―三五）という事前防止策である。もうひとつは離脱してしまった場合で、中立国を「隣国の諸王と争わせるべきである。それから、彼が戦争に疲弊したら、彼に義務を遂行させるべきである」（七―一八―三七）としている。

中間国と中立国の間にも関係が生じる。

さらに、『実利論』ではもうひとつのカテゴリーが設定されている。

敵と指導者（征服者）との中間にいる、弱小のものが緩衝国《アンタルディ》と呼ばれる。城砦や森林を避難所として持つ場合には、彼は強力な王の障害である。（七―一三―二五）

この緩衝国については、「〔実は〕征服者の敵であり、〔援助の〕義務を果たせず、能力もなく、援助することはない」（七―九―四五）と手厳しい。強国の影響力を吸収してくれ

マンダラ的世界観

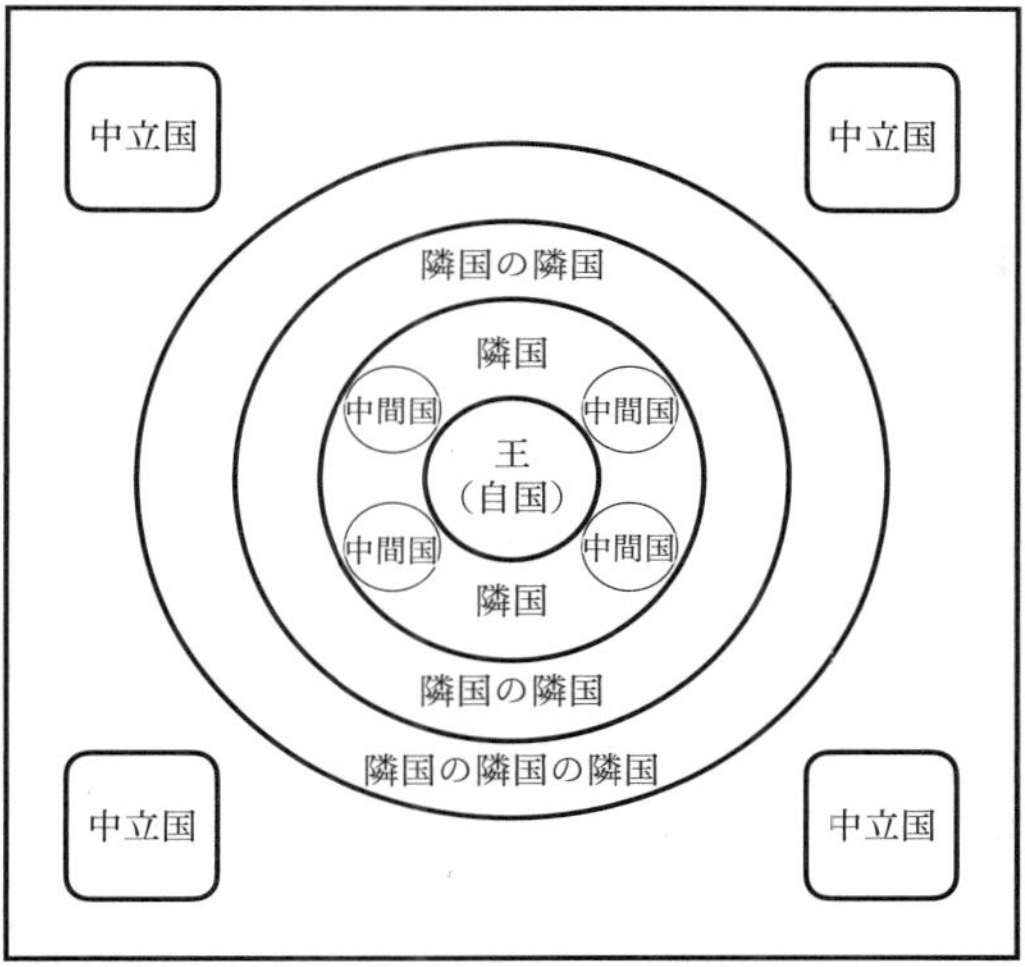

『実利論（下）』にもとづき筆者が作成

はするかもしれないが、だからと言って信頼を置くべき存在ではないという冷めた見方がうかがえる。

以上を踏まえてマンダラ的世界観を図示すると、次のようになる。

したがって、隣国（＝敵国）や隣国（＝友邦）だけでなく、それらとは異なる性格を持つ中間国と中立国が外交政策上きわめて重要な意味を持っているというのが、『実利論』の描く世界観なのである。

和平、戦争、静止、進軍、依投、二重政策――外交六計

では、マンダラ的世界観にもとづいて外交を展開していくに当たり、どのような選択肢があるのか。『実利論』は、「和平、戦争、静止、進軍、依投、二重政策」という六計があると説く（七―一―二、五）。それに続いて、ひとつひとつに詳しい解説が付されている。各章でさまざまな言及があるので、ここでは「計」毎に整理して紹介する。

①和平

和平とは「条約を結ぶこと」だとした上で、自国が「敵よりも劣勢の場合は、和平を結ぶべき」であるとしている（七―一―六、一三）。自国と相手が同等の場合も和平を結ぶべきで、その理由として「同等の者と戦うのは、焼いてない器同士を衝突させるようなもので、双方の滅亡（共倒れ）をもたらす」ことを挙げている（七―三―二、四）

②戦争

戦争は「加害」であり、自国が敵に対して「優勢の場合は、戦争すべきである」としている（七―一―七、一四）。しかし、敵の力が劣っているからといって、むやみに武力に訴

えれば良いというわけではなく、相手が「あらゆる点で服従しているなら、和平を結ぶべき」というオプションも示している。その理由として、「〈もし追いつめれば、〉苦悩と恨みより生ずる熱は、森火事のように、人を勇猛にする」ことに加え、マンダラの他の国の同情が集まることを挙げている（七-三-一〇～一二）。なお、戦争については第5章であらためて詳しく取り上げる。

③静止

静止とは「〈動かずに〉静観すること」を意味し、「『敵は我を、我は敵を破ることはできない』と判断した場合」の対応である（七-一-八、一五）。ちなみに原文はasanaであり、ヨガでポーズを意味する「アーサナ」と同じ語が用いられている。

なお、静止に似た概念として、「現状維持《スターナ》」と「静観《ウペークシャナ》」も示されている。「現状維持」については次節で説明する。静止は「自己の〈事業〉の発展《ヴリッディ》を得るため」の計とされるのに対し、静観は「方策《ウパーヤ》を用いないこと」とされる（七-四-三）。前者は単に何もしないわけではなく、目的があってのこと、あるいは次のステップの前に状況を見きわめるためのものと捉えることができるだろう。

④進軍

進軍とは「拡大すること」であり、自国が「卓越した長所をそなえている場合」にとるべき方針とされる（七－一－九、一六）。戦争との違いが気になるが、必ずしも軍隊だけに限ったものではなく、勢力を拡大させることといった幅広い意味ではないかと考えられる（なお、R・P・カングレーの英訳では marching となっている〈Kangle 2014〉）。

⑤依投

おそらく六計の中で日本語にしてもわかりにくいのが、この「依投」ではないだろうか。一般的に使われる語ではないし（キーボード入力で漢字変換しても出てこない）、戦略論の文献でも、まずお目にかかることはない。

依投とは「他に寄る辺を求めること」であり、自国の「能力が欠ける場合」にとるべき方針とされている（七－一－一〇、一七）。これは英語のほうがわかりやすく、カングレー訳では seeking shelter となっている。つまり「庇護の要請」というわけだ。

依投についての記述は多く、第七巻第二章はすべてこのテーマを扱っている。たとえば、庇護を求める相手について、「隣国の王（敵）の力よりも優れた力を有する王」にすべきとし、そのような存在がいない場合には「敵自身に庇護を求め、国庫・軍隊・領土のうちのいずれかにより、彼に奉仕するよう努力すべき」としている（七―二―六～七）。

ひとつだけでなく二つの敵国に挟まれるという場合も想定されている。「援助の可能性のある方に庇護を求める」という至極当然な主張もあるが、両方から同時に圧迫された場合には、「〔諸王の〕輪円に庇護を求めるべき」「中間国や中立国に庇護を求めるべき」として、支援国とともに「一方を援助して他方を殲滅すべき」と提案する（七―二―一三、二一～二二）。

⑥二重政策

二重政策とは、「和平と戦争とを〔臨機応変に〕採用すること」であり、「所期の目的が〔他者の〕協力により成就され得る場合」にとるべきとされている（七―一―一、一八）。

二重政策は単に和戦いずれを選ぶかだけではなく、自国の生存を確保するために隣国に対して大胆な取引を提案することも含まれる。「隣国の諸王のうちの一人から、国庫〔財産〕と交換に軍隊を、または軍隊と交換に国庫を得んとすべきである」（七―七―三）。現代風に言えば、前者は自国が費用を負担するかたちで外国軍の国内駐留により安全を確保し、後者は自国軍を隣国に派遣して安全保障上の影響力を確保する試みとなるだろうか。

二重政策に端的に示されているように、相手とのパワーバランスを適切に見きわめた上で判断を下すべきであり、単純に和戦どちらかという二択ではなく、複数のオプションを設定している点はきわめて興味深い。さらに、この六計はバラバラではなく、相互に連関しながら運用されるものという点も特徴的だ。すなわち、開戦後に静止をする場合もあれば講和後に静止する場合や、逆に講和後に進軍する場合についても指針が示されているのである。また、進軍については単独の場合に加え、同盟国とともに行う「連合進軍」という方法もあるという（七－四－一九）。これは現代で言えば多国籍軍のような発想と言えるだろう。

状態としての「減退・現状維持・発展」

なお、「減退・現状維持・発展」という三つの傾向ないし対応についても記されている（加えて、「弱体化」と「殲滅」もある）。「静止」や「進軍」などと似た部分もあるが、六計が戦術的であるのに対して、この三つは戦術の遂行を通じて生じる大局的な状態で、中には短期的ないし中期的な目標も含まれると言えそうだ。ただ、逆の場合もあり、「現状維持」は六計における「静止」の一部にすぎないという見方も示されている（七―四―二）。減退よりは現状維持、現状維持よりは発展が望ましいのは言うまでもない。

したがって、「発展」を志向する場合、その時の状況に応じて和平か戦争か、あるいは静止かの手段を選択するということになる。たとえば、次のような仮定が示されている。

【和平をとる場合】

「和平に立てば、大きな成果をもたらす自己の事業により敵の事業を滅ぼすことができよう」

「和平で敵を信用させて、秘策《ヨーガ》や秘法《ウパニシャッド》を用いることにより、敵の事業を滅ぼしてやろう」

「敵と和平を結べば、敵に結びついた〔諸王の〕輪円を破ることができよう。分裂したものを獲得するであろう」（七―一―三二）

【戦争に訴える場合】

「我が地方は主として戦士や武士団《シユレーニー》よりなり、（中略）敵の攻撃を撃退することができよう」

「国境にある難攻不落の城砦によって、敵の事業を破ることができよう」（七―一―三三）

【静止をとる場合】

「敵は私（引用者注：自国）の事業を滅ぼすことができないし、私も彼（引用者注：敵国）の事業を滅ぼすことができない」

「彼は災禍に陥っている。あるいは、〔他の王と、〕犬と猪の喧嘩〔のような戦い〕を行っている。私は自己の事業遂行に専念していれば発展するであろう」（七―一―三四）

ここでは二つないし三つずつ例を示したが、『実利論』第七巻第一章では、和平をとる場合の例の数が一二も挙げられており、圧倒的に多い。この他に、依投や進軍、二重政策によって発展を追求する例も示されている。

なお、この三つと六計の類似性に着目すれば、『実利論』においてはまず六計があり、後代の学匠によって「減退・現状維持・発展」が加筆されたのではないかという仮説も考えられる。これは、六計の考え方は『マヌ法典』でも示されていることと関わりがある。『マヌ法典』は紀元前二〇〇年頃から紀元後二〇〇年頃に成立したと考えられており、『実利論』の成立時期と重なる（第1章参照）。『マヌ法典』との違いをクリアにする意図から、六計以外の考え方も組み込んで付加価値を増そうとしたのではないか、というわけだ。ただ、六計の解説は『マヌ法典』よりも『実利論』のほうがはるかに詳細である点を付け加えておきたい。

「同盟」論——判断基準と種類

他国との同盟も外交の主要なテーマのひとつである。一口に同盟と言っても、さまざまな性質やパターンがあることを『実利論』は示している。

同盟は、必ずしも当事国同士の関係が対等とは限らない。『実利論』は双方の国力の差に着目して、こう指摘する。

……優勢なる者からより大きな配分と交換に、同等の者からは同等な配分と交換に、

劣勢の者からはより小さな配分と交換に、〔軍隊や国庫を得るのが〕、平等の同盟《サマ・サンディ》である。その逆の場合が不平等の同盟《ヴィシャマ・サンディ》である。その二つにおいて、格別に大なる利得がある場合が「超同盟《アティサンディ》」である。（七―七―四～六）

つまり、同盟が双方にとってウィン・ウィンだとしても、それによって得られるベネフィットには彼我で差が生じるということである。「超同盟」であればたしかに大国の側にとっては得るものが大きいのかもしれないが、それは長期的に見ればもう一方の離反を招きかねないというリスクがあることも念頭に置いておくべきだろう。同盟相手の状況も重要な判断材料になる。一例として、次のような場合が想定されている。

優勢な王が災禍にあったり、危険な情況に陥ったり、困窮したりしている時は、劣勢の王は彼に対して、軍隊〔の数〕に応じた利得を約して、取引すべきである。取引された王は、彼を害する能力があるなら、戦うべきである。さもなければ同盟すべきである。（七―七―七～八）

……平等の同盟において、（中略）困窮時においてその友邦を得る者は、〔同盟の相手（引用者注：敵を指すと思われる）を〕出し抜く。というのは、困窮というものは友情を確固たるものにするからである。（七―九―七～八）

“A friend in need is a friend indeed.”「困ったときの友こそ真の友」という英語の格言があるが、それにも通じる見方と言えるだろう。ただ、カウティリヤは友邦について、「多大な援助をする一時的な友邦」と「わずかな援助をする恒常的な友邦」を比較し、後者のほうが優れていると説く。

わずかな援助をする恒常的な友邦の方がすぐれている。多大な援助をする一時的な友邦は、援助〔しなければならぬこと〕を恐れて、離れ去ってしまう。あるいは、援助した後で、それを奪還することを望むのである。わずかな援助をする恒常的な友邦は、常にわずかながら援助するから、時がたてば多大に援助することになるのである。（七―九―一五～一七）

ただ『実利論』の場合、永遠の友邦も永遠の敵もないという考えに立脚しているので、「真の友」が「永久の友」とは限らない点を忘れるべきではない。ただ、だからといって、あまりに相手への関与が一時的で意図があからさまであっては、裏目に出てしまうという警告として受け取るべきだろう。

『実利論』では、同盟の「目的」をめぐる議論も展開されている。すでに「友邦」や「軍隊」、「国庫（経済）」については言及されているが、他にも重要な目的が取り上げられている。

ひとつは「領土」である。ここはなかなか強《したた》かで、「あなたと私は領土を得よう」（七-一〇-一）と持ちかけつつもあくまで主体は自国に置いており、続く詩節では同盟相手を出し抜き得る可能性が列挙されている。それは、「実利論に通じた者は、かくのごとき諸王から領土を得つつ、同盟者や敵たちよりもすぐれた利益を獲得するのである」（七-一〇-三八）という一文からも明らかだ。

「無住地のための同盟」もある。これは無主の地で自国と同盟国がともに植民に取り組もうとするものだ（七-一一-一）。その上で、植民や開発の対象となる無住地について、規模や自然条件、資源の有無といったさまざまな要素を検討しており、いわばフィージビリティ・スタディー（実行可能性）の重要性を指摘している。これは一種の共同開発に向けた連携と言えるだろう。現代世界ではもはや無主の地は残っていないが、二国間のうちいずれかの国、あるいは第三国での共同インフラ開発プロジェクトはこれに相当すると言えるかもしれない。

弱小国でも負けない方法

前章で紹介したように、『実利論』では、秩序形成を通じて国家の統治を強化し、国富を築き、軍を整備するとしている。だが、自国がつねに強力とは限らない。元々の条件や受け継いだ結果、あるいは強国になる途上の段階にあるなど背景はさまざまながら、弱小国の立場に置かれることもある。むしろ数で言えば大国と呼べるのはごく少数で、大半は弱い国に分類されるのではないか。

それはカウティリヤの問題意識の中でも大きな位置を占めていたようで、第一二巻（全五章）すべてが「弱小の王の行動」に充てられている。冒頭は定番の学匠たちの議論スタイルで始まり、強力な王に攻撃された場合には、「全面的に服従」「軍隊を総動員して戦うべき」「勝利しようと敗北しようと、これはクシャトリヤの本務である」といった見方が提起される（一二-一-一～五）。それを受けて、カウティリヤの出番が来る。

「これらの説は正しくない」とカウティリヤは言う。全面的に服従する者は、群の中の子羊のように、生きていても希望のない生活を送ることになる。また、少数の軍隊で戦う者は、舟なくして海に入る者のように沈んでしまう。（一二-一-六～八）

強国の圧迫を受けたとき、弱いからといって屈服するのをよしとはしないが、「一か八か」「当たって砕けろ」的な勇猛さもまた現実的ではないと説く。ではどうすれば良いのか。上記引用部分に続いて「そうではなくて、彼よりもすぐれた王に庇護を求めるか、あるいは難攻不落の城砦に籠るべきである」（一二-一-九）という方針が示されているが、オプションはそれだけではないとカウティリヤは説く。第二次世界大戦のように国民を動員した総力戦とは異なるが、自国のあらゆる安全保障リソースを活用して攻撃者に対抗すべしというのだ。少々長くなるが、以下に引用する。

……〔弱小の王は〕和平か外交戦か謀略戦によって、彼に対抗すべきである。彼の敵

> **対者を懐柔策と贈与策とにより、彼の味方を離間策と武力とにより、〔制圧すべきである〕。スパイたちは、彼の城砦都市・地方《ラーシトラ》・軍営を、武器・毒・火を用いて破壊すべきである。〔弱小の王は〕彼の背面をいたる所から攻撃さすべきである。あるいは、林住族を利用して、彼の王国を破壊さすべきである。あるいは、彼の〔王位を狙う〕王家の一員や不遇の王子により、王国を奪わせるべきである。（中略）あるいは、破壊工作をせずに講和する場合もある。（一二―一―一七～二一、二三）**

攻撃者が和平に応じてくれれば良いが、そう簡単に話が進むとはかぎらない。そこで、さまざまな説得のテクニックが示されている。攻撃者に対して「無謀な行為、法にもとる行為、実利に反する行為」（一二―二―三）をとらないよう訴えるのがまず初手だが、そのような道理や利益がわかっていれば、そもそも侵攻してこないだろう。

そこで二手目を繰り出す。自国には複数の友邦がおり、財物によって決起させ、相手をあらゆる方面から攻撃させる、自国は「中間国と中立国や〔諸王の〕輪円に捨てられず、かえってあなたが捨てられるでしょう」（一二―二―五～六）と告げる。こう脅すことによって、手痛いしっぺがえしを食らう、さらには逆の状況に陥る可能性すらあることをほのめかしているわけだ。

それでも攻撃者の考えが変わらなければ、どうするか。相手の体制転覆を図るというのがひとつだ。これは第一一巻「共同体に対する政策」でガナ・サンガ国の攻略法として述べられている部分に該当する。さまざまな職業に扮した秘密工作員を相手国に潜入させ、社会不安を引き起こしたり、王族間の不和や憎悪をかき立てたり、軍や林住族の離反を招いたりするのである。次章であらためて触れるが、「術策《ヨーガ》による誘殺」つまり指導者の暗殺という手法も挙げられている。これはいわば、現代で言うところの「レジーム・チェンジ」に相当する。

それでも攻撃者を翻意させることができなかった場合は、「補給・援軍・糧秣徴発隊の破壊」や「夜戦」、すなわちゲリラ戦によって敵を苦しめることが提案されている。こうした任務を担当するのは、スパイの他に「蛮族《ムレーッチャ》や林住族軍の指揮者たち」であり(一二-四-一八~二九)、平時から辺境や森林地域でリーダーと良好な関係を築いておくことが重要な意味を持つことがわかる。

外交協議では秘密保持を徹底せよ

強国であれ弱小国であれ、和平を求めるのであれば相手との外交交渉が必須になる。当然のこととはいえ、他国との協議においては徹底した秘密保持が重視されており、『実利論』でも気をつけるべき点が記されている（実はこの部分は序盤の第一巻第一五章で扱われている）。

それ（引用者注：協議《マントラ》のこと）が行われる場所は密室で、話が外に洩れず、鳥すら窺えぬ所でなければならぬ。というのは、協議〔の機密〕が鸚鵡《おうむ》やサーリカー（マイナー鳥）など、また犬その他の動物によってさえ漏洩することが知られているからである。（一―一五―三～四）

実際、使節や大臣や君主のしぐさと様子によって協議〔の機密〕は漏洩する。しぐさとは通常でない動作である。様子とは〔何らかの〕表情をとることである。事業（引用者注：協議の目的）が達成される時までそれを隠蔽し、〔また関係する〕官吏を監視すべきである。というのは、彼等が不注意・酔い・寝言によりしゃべることが、または彼らの愛欲などや慢心が、あるいは、隠れて〔盗聴する者が〕、または軽蔑されている者が、協議〔の機密〕を漏洩さすものである。（一―一五―七～一一）

そしてカウティリヤはこう言う。

敵が彼（引用者注：自国側）の機密を知ることなく、彼が敵の弱点を知るようにせよ。亀が体の部分を隠すように、自己の露呈しそうな部分を隠すべきである。（一―一五―六〇）

今日のような先進的なテクノロジーはなかったとはいえ、いやむしろそれだからこそ、自分たちと相手の両方において人間のあらゆる側面に目を配ることの大切さをあらためて強調したものと言えるだろう。外交とは知略を尽くした闘いであることがうかがえる。

コラム③　今日のデリーに残るマウリヤ朝

インドの首都デリーには、「チャーナキャプリ（Chanakyapuri）」という地区がある。いわゆる大使館街で、整備された広大な区画の中に主要国の大使館が軒を連ねている。筆者がかつて勤務した日本大使館もこのエリアの中にある。第1章を読んだ読者はおわかりだと思うが、この「チャーナキャ」はカウティリヤの別名である。「プリ」は「市」「町」の意味なので、「チャーナキャ町」といったところだ。

と言っても以前からチャーナキャプリという地名があったわけではなく、実は一九五一年頃に命名された新しいものなのである。インドは一九四七年にイギリスの植民地支配を脱して独立した直後から、新生国家として多くの課題に直面することになった。外交も例外ではなく、世界各国と国交を結んだことで、外国大使館や外交官の居住区を整備する必要が生じた。デリーにはムガル帝国時代からの街並みが残る「オールドデリー」と、イギリス統治下で開発された「ニューデリー」があるが、大統領官邸や連邦議会、官庁街は後者に集中している。そのため、そこから近いエリアが大使館街として割り当てられることになった。

その際、地区の名称をどうするかも課題のひとつだった。政府関係者の会議では、まず「ディプロマティック・エンクレイブ（外交団地区）」という候補が示されたが、外務省のチョプラ儀典長によってすぐに却下されてしまった。彼は若い部下のほうを向いて、こう言ったという。「そういえばきみはサンスクリット学者だったな。いいアイデアはないか？」

そう問われたのは、マハーラージャクリシュナ・ラスゴトラという名の外務省職員だった。彼は後年インドの外務次官を務めることになる幹部職員だが、このときはフランスでの短期外交研修を終えて帰国したばかりの事務官だった。

「カウティリヤ・ナガリ（Kautilya Nagari）」はどうでしょうか、と提案した。インド外交を象徴する名前を付けるべきという考えからだった（「ナガリ」も「町」を意味する）。チョプラ儀典長はこの名前を二、三度声に出してみて響きを確認した後、少し「重い」のと、「ありきたり」な感じがすると言った。

そこでラスゴトラ事務官は、カウティリヤにはもうひとつの名前、すなわち「チャーナキャ」があることを思い出し、「チャーナキャプリ」という案を出してみた。すると儀典長は「それだ！『チャーナキャプリ』のほうが響きがずっといいぞ」と反応した。この案はメノン外務次官と、外相を兼任していた首相のジャワーハルラール・ネルーも気に入り、決着をみたという（このエピソードは、二〇一六年に刊行されたラスゴトラの回想録『*A Life in Diplomacy*（外交官人生）』〈未邦訳〉にもとづいた）。

あらためて考えると、「チャーナキャプリ」というチョイスは絶妙だ。外交団地区には、『実利論』で示される「隣国」や「隣国の隣国」、「中間国」や「中立国」といった国々がひしめき、インド外務省（官庁街の「サウス・ブロック」と呼ばれる一角にある）と丁々発止の外交が繰り広げられるのだから。ただ、ここだけではすべての国の大使館を吸収できず、別の住宅街に大使館を置いている国もある。

マウリヤ朝や『実利論』を念頭に置いてチャーナキャプリ地区を見ると、この時代に関係する名前が他にもあちこちにあることに気づく。まず、「ITCモーリヤ」がある。ITCはホテルグループの名前で、「モーリヤ（Maurya）」は「マウリヤ朝」のことだ。ここはデリーを代表する高級ホテルのひとつで、「ブハラ」という北インド料理のレストランは風呂敷一枚分くらいありそうな巨大ナンを出すことで知られている。また内外の著名人も訪れており、アメリカのビル・クリントン元大統領やヒラリー・クリントン元国務長官が現職時のデリー訪問の際、この店で食事をしている（ヒラリーが食べたセットは「ヒラリー・プラッター（大皿）」というメニューになっているほどだ）。

通りの名前にも、「チャンドラグプタ・マルグ」と「カウティリヤ・マルグ」がある。「マルグ（marg）」は「通り」を意味する。名前だけの話とはいえ、奇しくも王と宰相が二〇世紀になって同じ地区に「再登場」したわけだ。人名関係では、「アショーカ・ホテル」もこの地区にある。もちろんアショーカ王から来ている名前である。こうした背景を知らなければ単なる固有名詞でしかないが、これほどにマウリヤ朝に由来する名前が集中しているのは、インドにおけるそれらの知名度の高さがあってのことと言えるだろう。

デリーにはチャンドラグプタとカウティリヤが登場する場所がもうひとつある。こちらの舞台はニューデリーの北東部で、オールドデリーとの境に近い「シャヒーディ・パーク」という公園だ。二〇二三年八月、ここの一角に「インド初の屋外ミュージアム」を謳うエリアが設置された。古代から現代に至るまでのインドの歩みをレリーフやオブジェで示すもので、「ウェイスト（ごみ）からアートへ」というコンセプ

シャヒーディ・パークにあるカウティリヤ（左）とチャンドラグプタ（右）のオブジェの展示（筆者撮影）

トの下、材料にはさまざまな廃棄物が用いられている。

ここの「古代編」のレリーフのひとつが、チャンドラグプタとカウティリヤのコンビなのである。剣を手にしたチャンドラグプタの後ろにカウティリヤが構え、何かを指南するかのように右手の人差し指を前に出している。二人の背後にはインド亜大陸の地図があり、彼らがインドの大部分を統一したことを示している。

この他にも、一八五七年のインド大反乱でイギリスと戦った末に命を落とし、「インドのジャンヌ・ダルク」と呼ばれるジャーンシー藩王国のラクシュミー王妃、「現代編」ではマハートマ・ガンディーや、インド国民軍を率いたスバース・チャンドラ・ボースらの像もある。展示には、それぞれの人物や出来事について解説するパネルもある。筆者の知る限りデリーにはインド史全体を対象とする博物館はないので、シャヒーディ・パークのこの屋外ミュージアムは、その点で絶好の場所と言える。入場料も大人五〇ルピー（約一〇〇円）、子ども二五ルピー（約五〇円）と、高くはない（週末はそれぞれ倍になる）。ただ、酷暑期のデリーは気温が五〇度近くになることもあるので、見学時間には注意したほうが良いだろう。また昨今は冬場を中心に大気汚染が悪化しているので、マスク着用をおすすめする。

デリー以外となると、カウティリヤがらみの名前にはなかなか出会えていない。ビハール州の州都パトナーはマウリヤ朝の都パータリプトラだったのだから、チャンドラグプタやカウティリヤを空港等の名前に冠しても良さそうなものだが、残念ながらそうなってはいない。

第4章　インテリジェンス・ウォーを勝ち抜くために

カウティリヤが説く「スパイの効用」

『実利論』は大きく分けて前半が内政、後半が外交・軍事を扱っている。その中で両者に共通するのが、スパイの重要性を説いている点である。マウリヤ朝がインド亜大陸の大部分を統一したといっても、版図の隅々にまで中央政府の目が行き届いたわけではない。というより、各地方の状況はほとんどわからなかっただろうし、情報が上がってくるとしても相当なタイムラグがあっただろう。仮にタキシラ（タクシャシラー）で帝国から離反する動きがあったとしても、それをパータリプトラにいる王や宰相、将軍がリアルタイムで把握することはできない。かといって、それを放置すれば帝国の統治は揺らぎ、最悪の場合は崩壊に至りかねない。

インターネットどころか電話も無線もなかった時代にあって、統治者は如何にして情報収集をしていたのかと問われれば、やはり人的ネットワークの活用に尽きる。インテリジェンス業界の専門用語《ジャーゴン》で言えば、「ヒューミント」ということになるだろう。もちろん、それは地域や文化を問わず、どこでも同じだったはずだ。ただ、古代インド、とりわけ『実利論』では、スパイの役割がきわめて重視されていることに驚かされる。それには、マウリヤ朝の版図が広大な地域に広がっていたことに加え、異なる民族が各地に居住し、帝国への忠誠度にも差が存在していたことも背景にあっただろう。そのため、スパイ・ネットワークを張りめぐらせておく必要があったと考えられる。そして、第2章に掲載した「王の日課表」にも示されていたように、王は直々にスパイから報告を受けたり、(おそらくは指示を与えて) 送り出したりしていた。さすがに全員というわけにはいかなかっただろうし、「スパイマスター」的な存在もいただろうが、組織上はスパイは王直属だったことがうかがえる。

スパイに関する説明は第一巻第一一章から始まる。『実利論』の構成、王の修養や感情の制御、大臣やその他の高官の任命、大臣の「試験」の次が早くも「スパイの任命、スパイの規定」で、第一二章まで二章にわたる。さらに第一三章「自国における誘惑可能・不能分子の監視」、第一四章「敵国における誘惑可能・不能分子の籠絡」まで含めれば、第一巻に収録された二一章のうち五分の一近くがスパイ関連に充てられていることになる。さらに、タイトルで言及はなくても、他の巻や章でも随所で取り上げられており、『実利論』全体で見ても、もっとも重要なテーマのひとつと言って良い。

スパイの採用と「定住スパイ」

『実利論』によると、スパイは「定住スパイ」と「移動スパイ」の二種類にわかれる。スパイ任命の前の手続きとして、採用担当者は複数の大臣で、しかも大臣たちには試験を課して潔白を証明する必要があるということから始まっていることに目が行く（一─一一─一）。たしかに、採用担当者の眼力に問題があったり、さらには万一採用担当者自身に敵の息がかかっていたりすれば、採用されるスパイ全体の質に影響を及ぼす。ここから論を始めるのは、スパイに対してカウティリヤが並々ならぬ関心を注いでいることの証左である。

採用担当者によって選抜されたスパイのうち、まず「定住スパイ」から見ていこう。「詐欺学生《カーパティカ》、破戒僧《ウダースティタ》、家長・商人・苦行者に扮した者たち」がこれに該当する（一─一一─一）。なお、こうしたスパイたちは自国内で活動することが想定されている（対外的な派遣は別途説明する）。

このうちいくつかについて解説しておこう。「詐欺学生」は「他者の弱点を知る、厚かましい学生」（一─一一─二）というのが『実利論』の記述だが、邦訳者の上村は「風聞を広めるなどの工作活動をも行う」という補足を注で付している。若者のネットワークをコントロールすることで、情報操作を行うのが彼らの任務ということになる。

また、「破戒僧」とは「遊行生活を放棄しているが、智慧と廉潔さをそなえた者」とされる。派遣先の土地で「多くの金銭と弟子（助手）を用いて、任務を行うべき」であり、「すべての遊行者たちに食事と衣服と住居とを提供すべき」とする（一－一一－四～六）。つまり、衣食住を保証することで遊行者たちを手なずけ、インテリジェンス・ネットワークの構築を図るということだ。

「苦行者に扮した者」もなかなか興味深い。彼らは「剃髪あるいは結髪の行者で、世俗的生活を願う者」であり、弟子たちとともに都市の近くに住んでいる。表向きには、食事は一～二か月に一度だけ、しかも「野菜や一握りの麦」しか食べないという。ただこれには種明かしがあって、「密かに好きなものを食べてよい」とある（一－一一－一三～一四）。庶民には自分が特別な存在であることを示しながら、実際には何でも食べてよいわけで、思わず笑ってしまう（かといって、痩せた体型を維持しなくてはいけないだろうから、食べ過ぎも禁物だろう）。

次に、弟子を商人にさせて、この苦行者は「幸運予見の術」を持っているとの噂を広める。「よく当たる占い師」というわけだ。それを聞きつけて人々が彼のもとを訪ねると、家族のことや社会のことを正確に当ててみせる。さらには、「このことが今日明日中に起るであろう」「王がこのようにするであろう」といった予言まで行い、それがことごとく当たる（一-一一-一五〜一八）。もちろんこれは、仕掛けがあってのことだ。前者は部下が事前にリサーチをして、それをサインで送ったり、「身相学」（上村注によれば、「身体の諸部分の動きにより予知する術」とのこと）によって判断したりする。後者の場合は、その予言どおりになるように実行部隊が動けば良いだけの話である。彼らが王直属であることを考えれば、たやすいことだったであろう。こうして名声を確立すれば、単なる苦行者ではなく、彼のもとにはさまざまな情報が集まることになる。なんと言っても、「凄腕の占い師」なのだから。

「移動スパイ」、そして情報の精査

一方の「移動スパイ」は、「秘密工作員、刺客《テイークシュナ》、毒殺者、比丘尼（引用者注：尼僧。「遊行女」という表記もあり、その場合は女性版の遊行者を指す）」（一-一一-一）である。「秘密工作員」になるには、数々の条件がある。「親類がなく、従者や扶養家族のいない者」であることがひとつ。スキルの面では、「観相術、身相学、魔術、幻術、四住期の義

文春新書

BUNSHUN
SHINSHO

文藝春秋

務、前兆学、方位輪、社交術」を学んだ者でなければならないとされる（一―一二―一）。

なお、「四住期《アーシュラマ》」とは、バラモン教徒は生涯の中で四つの段階を経るとした考えにもとづくもので、①師のもとでヴェーダを学ぶ「学生期」、②家長として一家の祭祀を司る「家住期」、③森に入り修行を積む「林住期」、④放浪の旅に出る「遊行期」のことである（ただし、バラモン、クシャトリヤ、ヴァイシャだけに適用され、シュードラは対象外とされた）。「遊行女」「比丘尼」は、「世俗的生活を望む、貧困な寡婦で、厚かましい、バラモンの出の女であり、王宮で尊敬され、大官の家に出入りすべきである」と説明されている（一―一二―四）。これは高官の監視に有効な方法で、当局の息がかかった女性を使用人としてもぐり込ませて、内情を探らせようとするものだ。

「毒殺者」は、「料理人・給仕人・浴室係・マッサージ師・寝台係・理髪師・化粧係・給水係」になりすますという（一―一二―九）。高官からすると、生活のあらゆるシーンで暗殺されるリスクに晒されていたわけだから、たまったものではなかっただろう。

こうした移動スパイは、彼らを担当する定住スパイ組織に対して収集した情報を報告することになっている。ここで重要なのが伝達方法で、万一外部に漏れてしまえば、せっかくの情報が無駄になってしまう。そこで、情報の伝達に際しては暗号文を用いることに加え、「定住スパイ組織にせよ、彼等（引用者注：移動スパイ）にせよ、相互に知り合いになってはならぬ」という指針が示されている（一－一二－一一～一二）。今日で言うところの「ニード・トゥ・ノウ（Need-to-know）の原則」を念頭に置いたものであろう。

このように、定住スパイと移動スパイの連携によってさまざまな情報が集積されるわけだが、肝心なのはその情報の真偽だ。これについては、次のような説明がある。

三人が同じ〔諜報を〕告げる時は信用できる。彼等が繰り返し誤った〔諜報をもたらす〕時は、沈黙の刑（謀殺）を科し、これを排除する。（一－一二－一五～一六）

ダブルチェックにとどまらず、トリプルチェックを行って情報の真偽を検証するわけだ。しかも、回数こそ明示されていないが、何度も誤情報を上げるようなことになれば自らの命が危うくなるという。これほどの「成果主義」はなかなかないのではないか。スパイたちは相当な緊張感の中で活動に従事していたことだろう。

報酬も気になるところだが、そこは情報満載の『実利論』のこと、スパイの俸給についても記されている。

スパイ関係者の俸給表

任務等	金額（単位：パナ）
詐欺学生、破戒僧、家長・商人・苦行者に扮したスパイ	1,000
村落の使用人、秘密工作員、刺客、毒殺者、比丘尼（スパイ）	500
諜報を伝達するスパイ（成果により加増）	250

出所）『実利論』第五巻第三章にもとづき、筆者が整理した

どれだけの期間に対しての報酬かは明示されていないが、第2章で見た政府関係者や民間の俸給と同じとすれば、一年間と捉えるのが妥当だろう。これ以外にもミッション毎の特別手当があったり、各種経費はその都度渡されるなど、別途支給されたりしていたのかもしれない。

調査員としてのスパイも

定住であれ移動であれ、「スパイ」と言うと不穏なイメージがつきまとう。秘密工作や機密情報の収集に従事するのは確かだが、『実利論』では、もう少しオープンな活動を担う者も「スパイ」とされている。各部局の長官の役割について解説した第二巻には、「主税官の活動」「家長・商人・苦行者に扮した秘密情報部員」という章がある。そこでは、主税官の指示にもとづいて、家長に扮したスパイが村落の土地や家屋、家族の状況（ヴァルナや職業、収入等）を探るべきとある（二―三五―八～一〇）。これは現代の国

勢調査に相当すると言えるが、さすがに国勢調査の調査員をスパイとは呼ばないだろう。

商人に扮したスパイの場合も、鉱山や灌漑用水、森林、工場、耕地といった自国内の産業がもたらす商品について、量や価格を調べるべきだとしている。あるいは、外国製品の輸入に際しての関税、通行税、輸送費といった費用の調査も任務に含まれるとされる（二-三五-一一～一二）。これも、現代なら政府各主管官庁の統計担当者が行うもので、特段秘密というわけでもない。

スパイの助手が老盗賊に扮する場合もあったようだ。「聖域《チャイティヤ》・四辻・廃墟・井戸・川・給水所・聖場・神殿境内・隠棲所・荒地・山・森・密林」で、盗賊や敵と思《おぼ》しき者を調査すべきとされている（二-三五-一四）。これは警察官としての任務になる。ただ、この場合は国内の治安にかかわる分野だけに、スパイ的な要素も含まれると言えるだろう。また、不特定多数の人が集まる場所、それに人目を避けたい場合に滞在すべき場所がどこなのかが示されており、その点でも興味深い。


敵国への潜入と「誘惑可能・不能分子」の特定

スパイは国外にも派遣される。「敵国にも友邦にも中間国にも中立国にも、また彼等

（諸王）の十八種の要人《ティールタ》にも、スパイをばらまくべきである」（一―一二―二〇）とされており、敵国ではないからといって安心できない。

『実利論』の上村訳では、他国で活動するスパイのことを「二重スパイ」としている（一―一一―一七～一八）。ただ、「二重スパイ」というのは、自国のスパイとして活動するだけでなく、他国側にもスパイとして雇われている者という印象を読者は持つのではないか。カングレーの英訳を見てみると"persons in the pay of both"（双方から報酬を受ける者）となっており、本国からの支援はあるが、派遣先の国で何らかの職業に従事し、それによって俸給を受けて生活しながら情報収集に当たる者と捉えればわかりやすいだろう。また、一口に国外と言っても都市から辺境までさまざまな環境があり、各地の状況に合わせた対応が望ましいとして、次のように指摘する。

城砦都市においては、商人たちが定住スパイ組織〔を形成する〕。城砦都市の郊外においては、聖者《シッダ》や苦行者たち、地方においては耕作者と破戒僧たち、辺境においては牧人たちが、森林においては沙門や林住族など森に住む者たちが、〔定住スパイに〕任ぜらるべきである。彼等は敵の行動を知る目的で、迅速に〔行動し〕、次々と諜報を伝え

る。（一‐一二‐二二～二三）

こうして各地にスパイが派遣されるわけだが、日々の生活や仕事をこなすなかで情報を収集するだけでなく、積極的な行動に打って出ることもある。「誘惑可能・不能分子の籠絡」だ。これには「怒れる者の群」（一六）、「恐れる者の群」（一〇）、「貪欲な者の群」（五）、「高慢な者の群」（七）という四つのカテゴリーがある（一‐一四‐二～五）。それぞれの群の後に括弧で示した数字は、具体的な例の数である。「怒り」と「恐怖」が大半を占めていることがわかる（本章末のコラム「『実利論』版アンガーマネジメント」も参照されたい）。「怒り」でいくつか例を挙げると、どれかひとつだけに当てはまるのではなく、複数の「怒り」を持つ者、「怒り」と「恐怖」が同居する者、さらに多くの要素を抱える者もいただろう。いずれにしても、ネガティブないし過剰な感情を抱くことで適切な判断ができにくくなっている者をターゲットにして、アプローチを試みていくのである。

スパイがアプローチをする際の「四つの方策」

敵国で活動するスパイが対象にアプローチする際、どのように接触し、具体的な対応を

四つの方策（ウパーヤ）

方策	内容
懐柔策	相手の美点を讃えること、関係を語ること、相互の利益を指摘すること、将来の利益を示すこと、自己を委ねること
贈与策	与えられるべきものを渡すこと、取られたものを追認すること、受け取ったものを返還すること、前に与えられていない自分の財物を与えること、他人の財産についてある者が奪ったものの私有権を認めて与えること
離間策	相互に疑惑を生ぜしめること、相互に非難さすこと
武力行使	殺すこと、苦しめること、財産を奪うこと

出所）『実利論』第二巻第一〇章および第九巻第六章にもとづき、筆者が整理した

とるべきだろうか。ここで出てくるのは、「懐柔策」、「贈与策」、「離間策」、「武力行使」という四つの方策《ウパーヤ》である（二-一〇-四七）。なお、これらは必ずしもスパイ活動だけに限ったものではなく、国レベルの外交的働きかけでも活用されている。詳しい内容を表にまとめた。

　このうち、「懐柔策」の五種類それぞれに具体例が示されている。たとえば「美点を讃えること」は、「〈相手の〉生まれ・身体・行為・性質・教養・財産に関する美点を取り上げて称讃すること」を意味する。また「関係を語ること」は、「〈共通の〉親類、姻戚関係、〈共通の〉師・司祭、家族《クラ》、友情、〈共通の〉友人を述べること」である（二-一〇-四九〜五〇）。スパイ活動と言うとおどろおどろしいイメージがつきものだし、「懐柔」という言葉には「巧妙に相手に取り入る」というネガティブさを感じがちだが、ここで示されている要素は、一般の人

間関係でも重要ではないだろうか。現代のコミュニケーション論や心理学では、フランス語で「関係」や「関連」を意味する「ラポール（rapport）」という言葉が用いられている。相手との間にラポールを築くためには、まさに「懐柔策」で示した共通項や共通利益を実感してもらうことが有効であるように思われる。秘密工作員に求められるスキルのひとつに「社交術」があることはすでに触れたが、今風に言えば「コミュ力」がなくてはスパイは務まらないのである。

もちろん、社交だけがスパイ業ではない。「贈与策」になると、財産にかかわる利害の要素が大きくなってくる。さらに「離間策」は、憎悪や敵意、相互不信を活用する。そして離間に成功すれば、そのうちのいずれかを自国の味方として獲得すべきとし、敵国内の分断を深めていく（九-六-四九）。前章では共同体（ガナ・サンガ国）に対する分断・不安定化工作に言及したが、離間策の文脈でも取り上げられている（九-六-五一）。

「武力行使」に至っては、ターゲットの殺害も任務に含まれる。スパイが刺客を放ち、敵を武器や火、毒などを用いて殺害すべしとしている。単独で決行するかチームで決行するかは状況に応じて判断するという。ミッションを完遂した者は「全軍〔に匹敵する〕仕事、あるいはそれ以上の仕事をなしとげる」と、きわめて高い評価を与えている（九-六-五三

〜五五)。

「術策」を用いた暗殺ミッションもある。超常的な現象を人為的に作り出して敵の関心を惹起し、出てきたところで殺害に及ぶというのが基本パターンだ。「竜神《ナーガ》の姿をし、燃える油を体に塗った者」や「熊の皮をまとい、火と煙を口から吐き出す者」、あるいは「聖域の神像を夜間に燃やす」、「神像から動物の血を用いて大量の血を流させ、神像から血が流れる場合は戦争で負けるという流言を別の者が広める」(一三—一二—一三〜一八)、といった具合だ。現代の感覚からすると荒唐無稽に思えるが、当時としてはリアリティがあったのだろう。

相手の好むものを提示することでおびき寄せ、そこで謀殺するという手法も示されている。当時のインドにおいて、象が軍事的にも重要な存在であることはすでに指摘したとおりだ。そこで、象林の守護官が象を好む敵を密林やひとりしか入れない場所におびき寄せて殺すか、捕縛して拉致するという方法も示されている(一三—一二—二九〜四〇)。この他に、やはりと言うべきか、女性を用いて敵を呼び寄せて謀殺する手法もある。

なお、四つの方策の実行のしやすさについても言及がある。容易な順に、懐柔策、贈与策、離間策、武力行使だという。どういうことかというと、懐柔策は「一重の性格」を有するが、贈与策は懐柔を前提とするから「二重の性格」を持ち、離間策は懐柔と贈与を前提とするから「三重の性格」を、武力行使は前三策を前提とするから「四重の性格」を有するというわけだ（九―六―五七～六二）。

スパイは重要な役割を担っていたが、それは平時だけのことではない。戦時においても、軍同士の戦闘とは別に、あるいは戦闘を優勢に運ぶための支援として、スパイが暗躍していた。それは次章で論じることにしよう。

コラム④　『実利論』版アンガーマネジメント

怒りの感情をコントロールする「アンガーマネジメント」というコンセプトは一九七〇年代にアメリカで心理療法の一環として構築・実践されたものである。日本でもこれについての書籍や情報は多く出ており、すっかり定着した感がある。

時代を問わず、多かれ少なかれ怒りの感情は誰しも抱くものだ。ローマ帝国皇帝ネロの家庭教師を務めたことで知られる哲学者にして政治家のセネカには『怒りについて』という書があることからも、当時から怒りをどうコントロールするかが重要だったことがうかがえる。

古代インドでもそれは変わりがない。『実利論』では不安や猜疑心、裏切りに対する警戒など、さまざまな負の感情に関する言及があるが、「怒り」についてもいくつかの箇所で取り上げられている。とくに第八巻「災禍に関すること」には「人間の悪徳の種類」という章があり、ここで悪徳と怒りの関係について記されている。

そこではまず、悪徳には「怒り」から生じるものが三つ（言葉の暴力、財産の侵害、肉体的暴力)、「欲望(享楽)」から生じるものが四つ(狩猟と賭博と女性と飲酒)あると捉えられている(八-三-四、二三、三八)。その上でカウティリヤは、両者の比較を交えながら、次のように指摘する。

憎悪されること、敵を作ること、苦悩と結びつくこと、これが怒り〔の結果〕である。屈辱、財産を失うこと、盗賊・賭博者・猟師・歌手・演奏者のような有害な連中とつきあうこと、これが欲望〔の結果〕である。それらのうち、憎悪されることは屈辱よりも悪い。軽蔑された者は自他の国民により圧迫されるが、憎悪された者は殲滅させられるからである。敵を作ることは財産を失うことよりも悪い。財産を失うことは国庫を害《そこな》うが、敵を作ることは生命を害うからである。苦悩と結びつくことは有害な連中とつきあうことよりも悪い。有害な連中との交際は瞬時に解消され得るが、苦悩との結びつきは長期にわたる苦痛をもたらすからである。以上よりして、怒りの方がより大なる〔悪〕である。(八-三-一四~二二)

怒りに支配されてしまうと平常心を失い、その結果、冷静な判断ができなくなりがちだ。それが王ともなれば、怒りがもたらすネガティブな影響によって国の行く末をも左右することになりかねない。ここで説かれているように、怒りがさらなる憎悪や敵を作ることになれば、その負の感情が自分、すなわち国に向けられるのだから。

財産との比較も興味深い。財産を失うことは打撃には違いないし、国家レベルで見れば財政危機ということになる。ただ、財政は立て直すことができても国家が崩壊してしまえばそれもままならないのだから、怒りによって亡国を招いてはならないというのがカウティリヤの考えということになる。

「有害な連中」の具体例については、盗賊や賭博者はまだしも、猟師や歌手、演奏者は現代の感覚からすると違和感を覚える。おそらく王の立場として、狩猟や歌舞音曲のような遊興にどっぷりと浸《つ》かってはならぬということなのだろう。同時に、このような記述があること自体、そうした魅力に抗うのが難しかったことを示している。ただ、それでも関係を断つと決意すれば「交際は瞬時に解消され得る」が、比較対象になっている「苦悩との結びつき」はそうはいかないという点は重要だ。怒り自体は一時的だとしても、それによってもたらされる苦悩はその後も長い間つづくというのは洞察に富んでいる。これは王に限らず、多くの人が経験していることではないだろうか。

そしてカウティリヤは、この章を次のような言葉で締めくくっている。

欲望は悪人を助長し、怒りは善人を抑圧する。多くの弊害をもたらすから、この両者はこの上ない悪徳（災禍）とされる。それ故、王は自制心を保ち、感官を制御し、長老に仕え、悪徳のもとであり〔すべてを〕根絶する怒りと欲望とを捨て去るべきである。（八―三―六五〜六六）

ではどうすれば怒りと欲望を捨て去れるかだが、残念ながらこの章では処方箋は示されていない。しかし、『実利論』序盤の第一巻では「六種の敵の追放」（第六章）と「王仙の生活」（第七章）について記されているので、その内容を見てみよう。「感官の制御」は「愛欲・怒り・貪欲・慢心・驕慢・〔過度の〕歓喜を捨てることにより得られる」という。それを守れなかった王はたとえ「四方の果てまで支配するといえども、即座に滅亡する」として、「感官の制御」ができなかった各王国の例を列挙するとともに、「六種の敵」を捨て去ることに成功した数少ないケースも紹介している

（一―六―一、四〜一二）。
「六種の敵」を捨て去るための具体策として、カウティリヤは次の方法を実践すべきだと説く。

長老との交際により智慧をみがき、諜報活動により眼を養い、〔精力的な〕活動により安寧を実現し、〔自己の〕任務の教示により〔臣下〕各自の本務を遵守させ、諸学の教えにより自己を陶冶し、〔人々に〕実利をもたらすことにより世間の人気を得、有益なことを行って生活を維持すべきである。このように感官を制御して、他人の妻や財物を奪ったり、他者を害さぬよう心がけるべきである。また、惰眠、気紛れ、虚偽、華美な服装、無益な連中との交際、〔要するに〕法にもとる営み、実利をもたらさぬ営みを避けるべきである。（一―七―一〜二）

現代のわたしたちに当てはめれば、「長老との交際により智慧をみがく」ことは先達や異業種の人たちと交流して広い視野を持つということになるだろうか。わたしたちが「諜報活動」をやるわけにはいかないが、「幅広い情報収集」と置き換えれば納得がいく。王が任務の教示を通じて臣下に本務を遵守させるというのは、組織であれば上司が部下と円滑なコミュニケーションを図り無用なすれ違いを避けることと言えるかもしれない。「諸学の教えにより自己を陶冶する」のは、向学心を持って多くのことを吸収し、自己を律するという意味に受け取れそうだ。

誰しも想定外の事態に直面すると冷静さを失うし、その結果思ったように事が運ばなければ、いら立ちを覚えるだろう。その点『実利論』には、内政から外交、軍事まで、ありとあらゆるケースを想定した心構えと対策が記されている。まさに「備えあれば憂いなし」というわけだ。ただ、言うは易く行うは……である。「感官の制御」に立ち戻れば、「実利をもたらさぬ営み」を回避できれば良いのだが、これがなかなか難しい。筆者は右の引用部分を読んで、「惰眠」と「気紛れ」を戒める部分には思わずギクリとさせられた。

第5章　カウティリヤの兵法——『孫子』との比較から

『実利論』と『孫子』

戦争論の古典と言えば、真っ先に挙げられるのが『孫子』だ。紀元前五世紀頃に基本的な内容が成立した書物が今日に至るまで読み継がれてきたのは、戦争の本質を鋭く突いているだけでなく、ビジネスのヒントや人生訓としても的を射ているからだろう。日本でも数多くの『孫子』関連本があるが、それらを読んだことがある読者も多いのではないだろうか。

一方『実利論』でも、戦争は主要なテーマのひとつである。同書の後半（岩波文庫版の下巻に相当）は対外関係に多くの紙幅を割いているが、随所で戦争に関する記述が目立つし、戦争そのものに焦点を当てた章もいくつかある。第1章でその成立をめぐる背景について概観したように、『実利論』も二〇〇〇年ほど前に成立したものであるにもかかわらず、国内統治や外交と同様、戦争に関する記述についても現代に通じる部分が少なくない。

当然ながら、今日では軍事面においてもテクノロジーが比べものにならないほど発達している。カウティリヤの時代にも孫武の時代にも、ミサイルや戦闘機、軍事衛星などなかった。しかしその一方で、戦争を起こすのも、戦うのも、そして戦争をやめるのも、依然として人間である（これからどうなるかはわからないが）。そこでは人間の強さと弱さ、楽観と悲観、敵と仲間、部下との関係、能力、有限のリソースの扱いといった数々のファクターが影響を及ぼす。

そこで思い浮かぶのは、戦争論は国や文化によって異なるものなのだろうかという問いだ。その点で、ベースとなる時代が比較的近い一方で国が異なる『実利論』と『孫子』は絶好の素材と言える。本章は『実利論』の戦争論、いわば「カウティリヤの兵法」の内容を解説するとともに、必要に応じて『孫子』との比較を試み、共通性や相違点を示すことで、その特徴を浮き彫りにしようとするものである。

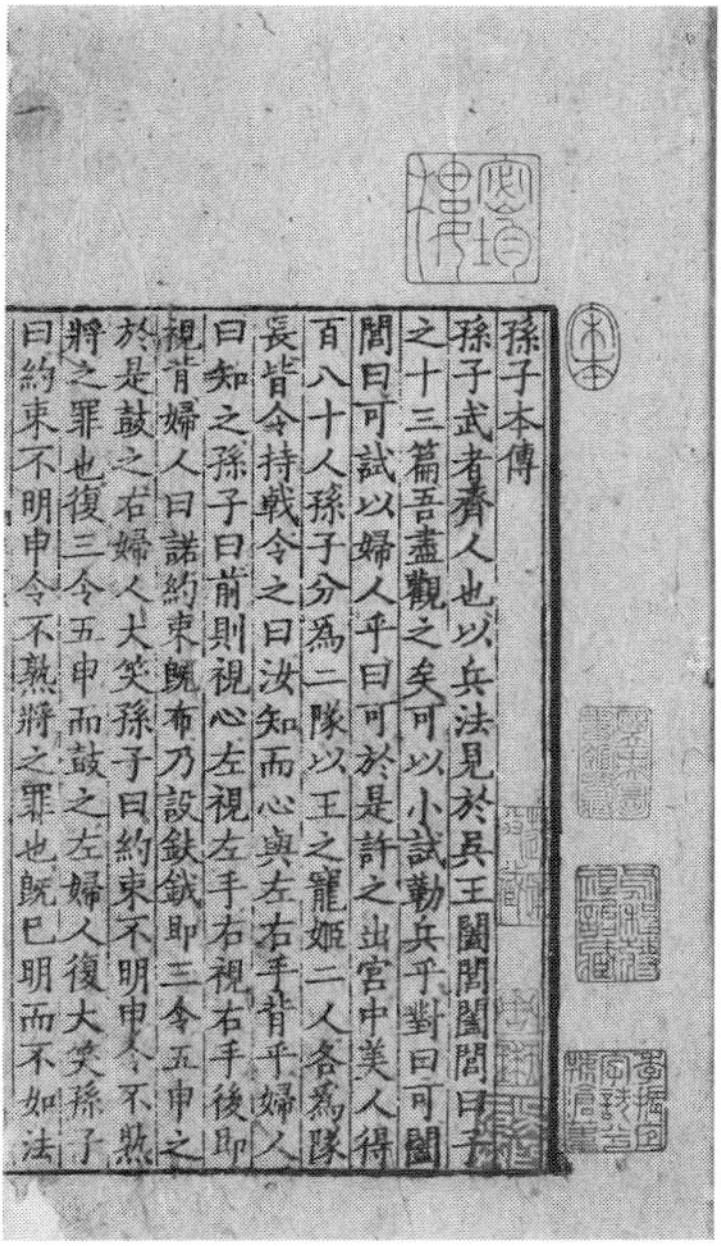

孫子本傳
孫子武者齊人也以兵法見於呉王闔閭闔閭曰子
之十三篇吾盡觀之矣可以小試勒兵乎對曰可闔
閭曰可試以婦人乎曰可於是許之出宮中美人得
百八十人孫子分為二隊以王之寵姬二人各為隊
長皆令持戟令之曰汝知而心與左右手背乎婦人
曰知之孫子曰前則視心左視左手右視右手後即
視背婦人曰諾約束既布乃設鈇鉞即三令五申之
於是鼓之右婦人大笑孫子曰約束不明申令不熟
將之罪也復三令五申而鼓之左婦人復大笑孫子
曰約束不明申令不熟將之罪也既已明而不如法

紀元前500年頃に孫武により原型が著わされたという『孫子』©WIKIMEDIA COMMONS

都が先か、地方が先か

戦争だけに限ったことではないが、『実利論』では記述のなかで人名・場所といった固有名詞や時期が具体的に示されている箇所はほとんどない。人名についてはわずかにカウティリヤとの「議論」の相手というかたちで学匠の名前が挙がっている程度で、チャンドラグプタすら登場していない。

しかし、戦争という大規模かつ具体的な行動を取り上げている以上、実際に起きた戦闘を踏まえているはずだ。『実利論』の形成に宰相としてのカウティリヤ（チャーナキャ）自身の関与があるか、少なくとも彼の経験や知見が反映されているとすれば、ナンダ朝打倒からマウリヤ朝成立、その後のインド全土の大半に及んだ勢力拡大の過程で行われた戦争をベースにしているのではないだろうか。

ただ、仮にそうだとしても、個々の戦争に関する同時代の史料は残念ながらほとんど残っていない（これは『孫子』でも同様だ）。チャンドラグプタとカウティリヤによるナンダ朝打倒はあったにしても、戦争の中身はいくつかの伝承にもとづくことしかできない。第1章では、二人が初陣で一気にパータリプトラ陥落を目指すも失敗し、撤退中に遭遇した粥をめぐるエピソードを紹介した。最初から都を落とそうとしても上手くはいかないのであって、周囲から始めて包囲網を狭めていくべしという趣旨だった。これに類する記述が『実利論』にあるわけではないが、これに関連するテーマを『孫子』〈正確には魏武注＝曹操による注〉が扱っている。

「師を興さば深く入り長駆して、其の都邑《とゆう》に拠り、其の内外を絶ち、敵の国を挙げて来服するを上と為す。兵を以て撃破して之を得るを次と為すなり」

〈軍を興せば〈敵地に〉深く入り長距離を行軍して、敵の都を占拠し、敵の都と国の内外を遮断して、敵が国をあげて降参し帰属することを上とする。兵を用いて〈敵軍を〉撃破して占領することはその次とする〉

『孫子』謀攻篇第三

＊この書き下し文と現代語訳は渡邉義浩『孫子――「兵法の真髄」を読む』（中央公論新社〈中公新書〉、二〇二二年〉にもとづいた。

カウティリヤとチャンドラグプタのエピソードは、中国は中国でも、近現代のある人物の主張に近い気がする。毛沢東である。蔣介石率いる国民党との内戦の中で中国共産党の戦略として彼が掲げたのが、「農村から都市を包囲する」という方針だった。これは革命実現のための方法論であるがゆえに人民の支持があることが前提になっているが、都市を制するだけでは目的を達成できないという点は共通している。

毛沢東には『抗日遊撃戦争論』という著作もあり、遊撃戦すなわちゲリラ戦について論じている。カウティリヤとチャンドラグプタも、巨大なナンダ朝に対しておそらく少数の軍勢で臨んだのではないかと思われる。そうした非対称的な戦争で兵力が劣る側が戦いを有利に進めるために有効なのは、正面から激突するのではなく、神出鬼没のゲリラ戦をねばり強く展開することだ。

マウリヤ朝建国の戦争

マウリヤ朝が成立し、版図を全インドに広げていく段階になると「横綱相撲」のような戦いになるのだが、ナンダ朝打倒の時点では「小が大に挑む」戦いだったわけだ。そのときの経験がどこまで反映されているか定かではないが、『実利論』第一二巻は第一章から第五章までのすべてが「弱小の王の行動」について記されている。そこには、使節を活用した仕掛け（第一章）や「諸王の輪円《マンダラ》の扇動」（第三章）、今日で言うハニートラップ作戦といった外交戦・諜報戦の例が示されている。たとえば、王やその側近の周辺に秘密工作員を潜入させ、軍の高官や臣下に対する疑念をかき立て、敵に内通する反逆者に仕立て上げるといった類である。

「弱小の王」がとるべき軍事行動にかかわる部分にも、多くの紙幅が割かれている。だが、ここでいう軍事行動とは、「ゲリラ戦」や「非正規戦」の戦いである。まず、敵国にさまざまなかたちでスパイを侵入させ、食糧や水、酒に毒を混入して混乱を引き起こす。自軍の攻撃時には、牛や羊、ヤギといった家畜の群を敵に対して放つほか、猟師に扮した者が檻から野獣を放つこともするし、放火も行う。そして敵軍が劣勢になったら、一気にたたみかける。

……スパイたちが、退却する歩兵・騎兵・戦車隊・象隊の高官を殺すべきである。あるいは、高官たちの宿舎を燃やすべきである。〔敵を撹乱すべく〕用いられた、〔味方の〕反逆的な軍・「敵国軍」・林住族軍が、背面の攻撃や〔味方の〕攻撃の支援を行うべきである。あるいは、森に隠れた者たちが、辺境の軍隊を誘い出して、撃破すべきである。あるいは、一列でしか行進できぬ場所で、補給・援軍・糧秣徴発隊を破壊すべきで

ある。（一二―四―一八～二〇）

そしてとどめを刺す、つまり「王の殺害」という最終段階に移る。夜戦の場合には、都でスパイたちが「我々は侵入した。王国は獲得された」と人びとに告げ、混乱に乗じて宮廷に入り王を殺すべきだとする（一二―四―二一、二二）。王が脱出した場合でも逃さない。「待伏せに適した場所に潜んだ、または樹幹や囲い地に潜んだ、蛮族や林住族軍の指揮者たち」や「猟師に扮した人々」に王を殺すよう命じるのである（一二―四―二三、二四）。

まず戦争ありき、ではない

『実利論』も『孫子』も戦争について扱った書物であるにもかかわらず、興味深いのは、両者とも戦争の発動についてはきわめて慎重な点である。『孫子』の次の記述はあまりにも有名である。なお、この後の本章における引用（書き下し文と現代語訳）は一部を除き、『新訂　孫子』（金谷治訳注、岩波書店〈岩波文庫〉、二〇〇〇年）にもとづいている。

「孫子曰《い》わく、凡《およ》そ用兵の法は、国を全うするを上と為し、国を破るはこれに次ぐ。

（中略）是の故に百戦百勝は善の善なる者に非ざるなり。戦わずして人の兵を屈するは善の善なる者なり」

（孫子はいう。およそ戦争の原則としては、敵国を傷つけずにそのまま降服させるのが上策で、敵国を討ち破って屈服させるのはそれには劣る。（中略）こういうわけだから百たび戦闘して百たび勝利を得るというのは、最高にすぐれたものではない。戦闘しないで敵兵を屈服させるのが、最高にすぐれたことである）

『孫子』謀攻篇第三

カウティリヤの場合も「外交六計」で見たように、まず戦争ありきではなく、対外関係における方策のひとつ（「進軍」も加えれば二つ）として位置づけられている。和平、あるいは和戦両面で臨む「二重政策」、さらには外部に庇護を求める「依投」を含む、あらゆるオプションの有効性を検討すべきというのである。

開戦の是非を決めるファクター

それでもやはり戦争が現実的なオプションになってきた場合、どうすれば良いか。当然ながら、闇雲に侵攻すればよいというものではない。戦争を発動するか否かの判断を下すに当たり、王は以下の要素を検討すべきだとカウティリヤは指摘する。

征服者は、自身と敵についての、能力・場所・時・出征の時期・〔各種〕軍隊を起用すべき時・後方の謀叛・損失・出費・利得・窮境に関する強弱を知ってから、戦力的に優勢ならば出征すべきである。さもなければ静止すべきである。（九―一―一）

戦争は、殺し合いという人間が行う究極の行動なだけに、感情や心理面の影響が大きい。だが、感情が先行しすぎては冷静な判断をすることができなくなる。カウティリヤもこの点について着目し、議論形式で次のように説いている。

「気力《ウトサーハ》と権力《プフヴァーバ》とでは、気力（勇猛心）の方がすぐれている。というのは、王自身が勇敢で強く健康で武器の使用に秀でていれば、その武力のみを依り所として、権力（軍事経済力）のある王を征服することができるからである。そして彼の軍隊はわずかであっても、その威光《テージャス》により目的を達するのである。（後略）」と学匠たちは述べる。

「それは正しくない」とカウティリヤは言う。権力を有する王は、その権力により、気力のある王を出し抜く。（後略）（九―一―二～七）

気力ではなく、戦争遂行のためのリソースの有無のほうが重要というわけだ。しかし、権力だけでも不十分だとカウティリヤは言う。議論のつづきを見てみよう。

「権力と政策《マントラ》〔能力〕とでは、権力の方がすぐれている。というのは、政策能力をそなえた者でも、権力がないなら、その知力は不毛なものとなる。（後略）」と学匠たちは述べる。

「それは正しくない」とカウティリヤは言う。政策能力の方がすぐれている。というのは、智慧と学問の眼を有する王は、わずかな努力により政策を実行することができ、気力と権力とを有する敵たちを、懐柔策などにより、また秘策《ヨーガ》と秘法《ウパニシャッド》により、出し抜くことができる。このように、気力と権力と政策能力とのうち、順次後のものにすぐれている王の方が、〔敵を〕出し抜くのである。（九―一―一〇～一六）

こうした能力主義や合理性は軍事以外の箇所でもよく見られており、『実利論』を貫くトーンだと言えるだろう。それとの関連で指摘しておきたいのが、迷信や占いの否定である（ただし、当時は「科学的」と見なされていたであろう、さまざまな「秘法」については列挙されていることを付け加えておく）。次の詩節は、軍事だけに留まらないカウティリヤのメッセージと言える。

星〔占い〕にあまりにも頼る愚者を、利益《アルタ》は通り抜ける。何故なら、利益にとっては利益〔を得ること〕が〔よい〕星宿であるから。星々に何ができるだろうか。（九―四―二六）

興味深いことに、『孫子』も占いや迷信に対しては批判的である。開戦に先立ち、次のような行動をとるべしと言う。

「夫《そ》れ未だ戦わずして廟算《びょうさん》して勝つ者は、算を得ること多ければなり。未だ戦わずして廟算して勝たざる者は、算を得ること少なければなり。算多きは勝ち、算少なきは勝たず。而るを況んや算なきに於いてをや。吾れ此れを以てこれを観るに、勝負見《あら》わる」

〔一体、開戦の前にすでに宗廟《おたまや》で目算して勝つというのは、〈五事七計に従って考えた結果、〉その勝ちめが多いからのことである。開戦の前にすでに宗廟で目算して勝てないというのは、〈五事七計に従って考えた結果、〉その勝ちめが少ないからのことである。勝ちめが多ければ勝つが、勝ちめが少なければ勝てないのであるから、まして勝ちめが全く無いというのではなおさらである。わたしは以上の〈廟算という〉ことで観察して、〈事前に〉勝敗をはっきりと知るのである〕

『孫子』計篇第一

古代中国では、戦に臨むに当たり、宗廟（祖先の廟）で吉凶を占うのが習わしだったという。『孫子』でも宗廟に行くことには変わりがないが、そこで頼りにするのは占いではなく、「五事七計」である。「五事」とは「道、天、地、将、法」、「七計」は「主、将、天地、法令、兵衆、士卒、賞罰」を指す。つまり、彼我の状況にもとづいた勝算の有無の検討結果なのである。

軍の士気についても、『孫子』は「あやしげな占いごとを禁止して疑惑のないようにすれば、死ぬまで心を外に移すことがない」（九地篇第十一）と説いており、迷信の類を排する姿勢を鮮明にしている。

この点について、『実利論』のほうは、第八巻第五章で「軍隊の災禍」を列挙し、将兵の士気に影響を及ぼしうるファクターについて説明している。あまりに多くの項目が含まれているが、カウティリヤの緻密さを知る上でも興味深いので、あえてすべて紹介する。

……尊敬されないこと。侮辱されること。俸給をもらわぬこと。病気にかかること。新らしく来たこと。遠くから来たこと。疲労すること。消耗すること。撃退されること。最初の猛攻で敗れること。不適切な季節に遭遇すること。不適切な場所に遭遇すること。希望を失うこと。〔指導者に〕見捨てられること。女性を含むこと。内部に裏切者のいること。その中枢が反抗すること。内部分裂。敗走すること。四散すること。〔敵の〕近くに駐屯すること。〔敵に〕完全に併合されること。遮断されること。包囲されること。穀物や人間の補給を断たれること。自国において解散すること。友邦において解散すること。反逆者がいること。有害な背面の敵がいること。本拠地が空になること。主

人（王や将軍）と結びつかぬこと。指揮者を失うこと。盲目なること。（八－五－一）

現代の軍隊にも通じる、およそ考えられるものはすべて含まれているのではないか。これだけでも相当なものだが、さらにカウティリヤは、これらのファクターを二つずつ取り上げて比較し、その軽重を吟味し、どちらを優先すべきか、あるいはどちらが重要かを論じている。そこには迷信や占いが入る余地はいっさいなく、リアリズムにもとづいた冷静な状況判断があるのみなのである。まさに「実利」の本領が発揮されている。

短期決戦か、長期戦か

『孫子』はいざ戦争となった場合、短期決戦を志向している。

「兵は拙速なるを聞くも、未だ巧久なるを睹《み》ざるなり。夫れ兵久しくして国の利する者は、未だこれ有らざるなり」

（戦争には拙速――まずくともすばやく切りあげる――というのはあるが、巧久――うまくて長びく――という例はまだ無い。そもそも戦争が長びいて国家に利益があるとい

うのは、あったためしがないのだ）

『孫子』作戦篇第二

もっともな指摘である。戦争が短期で済むにこしたことはないのは誰しも同じのはずだ。だが問題なのは、それは自軍だけで決められるものではなく、敵が長期戦に持ち込もうとする場合や、天候によって長期戦を余儀なくされるという点にある。

太平洋戦争で、日本は真珠湾攻撃によって米艦隊の主力を壊滅させ、早期の講和に持ち込むことを期待した。しかし米艦隊のうち機動部隊（空母）は真珠湾にいなかったため温存され、それればかりか開戦通告の遅れもあってアメリカの戦意を高めることになり、戦争が長期化する中で物量に勝る相手に圧倒されるという結果を招いたことを想起してほしい。

作戦単位で見ても、一九四四年のインパール作戦で、司令官の牟田口廉也中将は三月上旬の作戦発起から「天長節」（昭和天皇の誕生日）に当たる四月二九日までのインパール入城を狙った。実際には目論見どおりにはいかなかったばかりか戦闘は長期化し、補給路が延びきった中、豪雨に晒されながら苦戦を強いられたことはよく知られている。

では、『実利論』の場合はどうだろうか。カウティリヤは、第九巻第一章「出征の時期」

で次のように指摘する。

あらゆる遠征は、所期の目標が小さな場合は短期であり、目標が大きな場合は長期なものとすべきである。そして〔長期の場合は〕他国に〔駐屯して〕雨期を過ごす〔こともある〕。（九―一―五二）

もちろん『孫子』も短期戦一辺倒ではなく、さまざまなケースを想定している。しかし、それ以上にカウティリヤは持ち前の緻密さを発揮して、細かく「場合分け」を行っている。全部というわけにはいかないので、興味深いものをいくつか引用しよう。

自軍の行動に適し、敵の行動に不適な時期は最高の時である。その反対は最低、〔敵味方にとって〕同条件の時期は中位の時である。（九―一―二五）

自軍の行動に適し敵の〔行動に〕適さない地方に対しては、雨期に出征すべきである。（九―一―三九）

「〔自己の〕能力が増大した時に出征すべきである。災禍は不確定なものであるから」

とカウティリヤは言う。あるいは、出征すれば、敵を弱体化させたり殲滅させたりできる場合に、進軍すべきである。（九―一―四三、四四）
道路が平坦であるかないか、湿地であるか乾燥地であるか、短いか長いかにより、出征を区別〔して配慮〕すべきである。（九―一―五一）
兵力にすぐれ、扇動が完了し、季節に関する対策を立て、自軍に適した土地にある場合は、公開戦を採用すべきである。その反対の場合は、謀略戦を採用すべきである。（一〇―三―一、二）

ここから読み取れるのは、自軍と敵の状況はもちろんのこと、季節や天候、地形といった戦闘に大きな影響を及ぼすファクターを十分検討した上で出征するかしないかを判断すべしという点である。現代で言えば、詳細な「兵要地誌」を用意し、それを踏まえることの重要性について、口を酸っぱくして説いているのである。

情報収集活動の重要性と「内なる敵」への警戒

とは言っても、自国外や敵地、すなわちアウェーでの戦争となれば現地の状況に関する情報は限られている。そこで重きをなすのが、情報収集活動だ。その重要性は、『孫子』もとくに強調している。これは『孫子』の中でもっともよく知られている、次の文に集約されている。

「彼れを知りて己れを知れば、百戦して殆《あや》うからず」
（敵情を知って身方の事情も知っておれば、百たび戦っても危険がない）

『孫子』謀攻篇第三

では、この点について『実利論』はどう説いているだろうか。『孫子』ほどのインパクトのある言葉ではないが、カウティリヤも「自軍の力に応じて、〔必要とされる〕軍の部門を考察して、敵軍を撃退するように、軍隊を起用すべきである」（九―二―三〇）と説いている。言わんとするところは同じだ。

敵は外にいるだけではない。自国内に反対勢力が潜んでいる可能性にも気を配る必要がある、とカウティリヤは説く。「わずかな後方の謀叛と大なる前方の利得とでは、わずかな後方の謀叛の方が重大である」（九―三―一）というのが彼の主張だ。たしかに、どれだけ前線で戦果を挙げても、本国が乗っ取られてしまったら元も子もない。ましてや移動手段や通信技術が限られていた古代インドのこと、鎮圧するにしてもスピーディな対応には限界がある。

「不利益は針の口を有する」――ここで紹介されている、興味深い成句だ(九―三―五)。「災いは最初は小さくとも、後で大きく広がる」という上村による注が付されているとおり、内部の謀叛の深刻さが強調されている。

この段で筆者が思い出すのは、一九九九年一〇月にパキスタンで起きた軍事クーデターだ。当時首相だった文民政治家のナワーズ・シャリーフは、大きな影響力を持つ軍との対立を強めつつあった。そうした最中、シャリーフ首相がスリランカ訪問中だったパルヴェーズ・ムシャッラフ陸軍参謀長を解任するという強硬策に出た。これに対しムシャッラフ参謀長は急遽帰国、軍を動員して政府機関を制圧するとともに、シャリーフ首相を拘束したのである。パキスタンはその後、約七年半にわたり軍事政権が続くことになった。

では、どうするべきか。方策としては、「懐柔策・贈与策・離間策・武力(実力行使)を用いるべき」(九―三―六)というのがひとつ。もうひとつは、前方(敵)との戦いで利得が見込まれる場合には、王自らではなく将軍か王子を軍の司令官として派遣する、あるいは「王が強力で後方の謀叛を鎮圧する能力がある場合」は、自らが進軍すべきだとされている（九―三―七、八）。

何が共通し、何が違うのか

このように、『実利論』と『孫子』を比較すると、多くの部分で両著は共通していることがわかる。「戦争ありき」ではない点、迷信や占いを徹底的に排した合理性、彼我の状況の見きわめ、諜報戦の重視などである。

その一方で、異なる部分も少なからずあった。短期戦を重視する『孫子』に対し、『実利論』のほうは、短期戦にも長期戦にも対応すべしと説いている点は、そのひとつだ。また、戦争において、都の陥落を優先するべきか、周囲から攻めていくか（これは民間の伝承だが）というアプローチの違いも興味深かった。

スタイルにかかわる点では、原則を示す『孫子』に対し、徹底的にディテールにこだわる『実利論』という捉え方ができる。これは両著の全編を通じて言えることだが、戦争や軍事にかかわる部分は、特にコントラストが鮮明になっている。

ここから筆者が感じたのは、これは現代の中国とインドの外交アプローチにも通じるのではないかという点だ。とりわけ、両国の国境問題をめぐる交渉にそれがよく現れている。次章で取り上げるように、印中関係における最重要課題が国境問題である。この問題を背景として、一九六二年には人民解放軍がインド側に越境し、戦争が勃発した。国境戦争が起きる前も、そして関係改善に向かった一九八〇年代以降も、両国間では交渉が行われてきた。特に一九九〇年代以降、完全ではないにせよ国境地域での平和維持を目的とした合意がいくつも結ばれてきた。だが、今日に至るまで国境そのものの画定には至っていない。

両国の背景にあるのが、中国側は「パッケージ方式」と呼ばれる、東部・中部・西部の三つのセクターの問題を一括して扱うことを提案しているのに対し、インド側は「セクター別方式」と言って、一つひとつのセクターについて個別に交渉を重ねていくべしという、アプローチの違いだ。これだけで判断できるものではないが、印中両国の思考方法の差異が垣間見えて興味深い。

話を『実利論』と『孫子』に戻そう。両著を読み比べると、「この二つが戦ったらどちらが勝つのか」というテーマについて考えてみたくなる。どちらも世界トップクラスの戦略書であることは論を俟《ま》たない。「矛盾」の語源にもあるような、「最強の矛」と「最強の盾」の戦いにも似たところがある。だが、楽観を排し、可能なかぎりの情報を収集するとともに分析に役立て、想定しうるあらゆるケースを列挙してそれぞれに備えをする――そうしたリアリズムの権化というべき『実利論』のほうに軍配が上がると考えるのは、贔屓《ひいき》目ゆえのことだろうか。

コラム⑤　ビジネスに活かす『実利論』と子ども版『実利論』

日本では『ビジネスに活かす「孫子の兵法」』といった類の本がよくある。これは何も日本に限った話ではなく、本家の中国や香港、台湾も同様だ。米欧や東南アジアの書店でも、『孫子（*Sun-Tzu*）』の英訳版を見かけることが多い。

それに触発されたのかどうかはわからないが、インドでは『実利論』をビジネスや日々の生活に活かそうという試みが近年盛んだ。そのブームを牽引するのがラダクリシュナン・ピッライで、『実利論』をテーマに英語で一〇冊以上の著書がある（その多くは、ヒンディー語やマラーティー語、グジャラート語などインドの各地方語にも翻訳されている）。

ピッライはムンバイ大学の修士課程でサンスクリット語を専攻した後、『実利論』に関する研究で博士号を取得したという、筋金入りのエキスパートだ。現在は同大のチャーナキャ・リーダーシップ研究国際研究所で副所長を務めている。二〇一〇年に『*Corporate Chanakya*（企業のチャーナキャ）』（以下すべて未邦訳）を上梓して以来、数々の関連本を世に送り出している。

『*Chanakya's 7 Secrets of Leadership*（チャーナキャ流リーダーシップの七つの秘密）』は二〇一四年初版だが、筆者の手元にあるものは二四年刊行の三〇版となっており、人気の高さがうかがえる。インド版『7つの習慣』と言えるかもしれない。

『実利論』には「君主・大臣・地方・城砦都市・国庫・軍隊・友邦、以上が（国家の）構成要素である」（六―一―一）という詩節があり、これを現代のビジネスや企業経営に当てはめて論じたものである。君主を「リーダーないし経営者」に、大臣を「マネージャー」に、地方を「マーケティング・顧客」に、城砦都市を「インフラ」に、国庫を「財務」に、軍隊を「チームワーク」に、友邦を「コンサルタントないしメンター」に読み替え、それぞれのマネジメントが大切だとピッライは解説する。さすがにここでは「スパイの効用」は取り上げられていないが、「マウリヤ朝」という一大帝国を築き上げたノウハウから学べるものは少なくない。

一例を挙げると、リーダーシップに関してピッライは『実利論』から次の詩節を引用する。

王が精励であるなら、臣下たちもそれに倣って精励となる。王が怠慢であれば、臣下たちもそれに倣って怠慢となる。そして、彼等は王の事業を食い尽くす。また、王は敵に出し抜かれる。それ故、王は自ら精励努力しなければならぬ。(一-一九-一~五)

ピッライは『実利論』だけでなく、「この指導者にしてこの民あり」という、『バガヴァッド・ギーター』に記されるクリシュナの言葉にも言及しながら、リーダーに求められる資質を論じている。さらに、現代インドの出来事が織り交ぜられている点も興味深い。ここでは、「ミサイル開発の父」と呼ばれたA・P・J・アブドゥル・カラム博士が若き日、インド宇宙研究機関(ISRO)に勤務していたときのエピソードが紹介されていた。カラムはSLV-3という人工衛星の開発責任者に任命されたが、一九七九年の打ち上げは失敗に終わってしまった。このときISRO長官のサティーシュ・ダワンは失敗の責任は自分にあると主張し、翌八〇年にミッションが成功したときには部下のカラムを自分とともに記者の前に出して栄誉を称《たた》えたという出来事があったという。カラムは後にインド大統領(国家元首だが、行政の実権は首相にある）に選出されて国民から敬愛される存在になったが、それにはこうした経験が活かされていたのかもしれない。

二〇一七年に刊行された『*Chanakya in Daily Life*（日常生活のなかのチャーナキヤ）』では、タイトルのとおり私生活から仕事、家族との関係まで日々のさまざまなシーンで『実利論』が説く内容を活かすヒントがふんだんに盛り込まれている。たとえば「起床」については、「楽器の音とともに目覚め、（中略）なすべき仕事について考察する」（一―一九―二一）という詩節を示して、朝を心地よく迎えて一日のプランを考えることが大切だと説く。また、「〔王は〕国庫と軍隊と〔を充実さすこと〕を通じて、味方と敵とを制圧することができる」（一―四―二）の詩節を挙げて、財務とチームワークを向上させることがビジネスを成功させるためのカギであるとピッライは言う。

日本では齋藤孝による「超訳」として『こども孫子の兵法』や『こども君主論』があるほか、サンリオのキャラクターを起用した『バッドばつ丸の「君主論」』など、小中学生を想定した本がこの一〇年で何点か刊行されている。それと軌を一にするかのように、インドでも『*Chatur Chanakya and the Himalayan Problem*（かしこいチャーナキャとヒマラヤの問題)』という子ども向けの小説が二〇一七年に出版された。著者はもちろんピッライである。夏休み明けの学校に、友だちを作りたい少年やリーダーになりたい少女など、さまざまな思いを持った生徒たちが戻ってくる。そこにチャーナキャという名の転校生が現れ、持ち前のスマートさを発揮して……というストーリーだ(ちなみに続編もある)。『実利論』には冷酷な手法も説かれているので登場人物がそれを駆使するわけではないが、子どもにも社会があり、その中でサバイブしていくためにはどうするべきかについて示唆を得ることができる。

第6章　『実利論』から見る近現代インドの外交と政治

『実利論』でインドの一〇〇年をどこまで読み解けるか

第2章から前章まで、『実利論』の内容を国内統治、外交、インテリジェンス、軍事といったテーマ毎に解説してきた。これらを「理論編」とすれば、本章はいわば「応用編」となる。そこで題材として取り上げるのは、近現代インドの外交と政治だ。『実利論』がインドにおける伝統的戦略思考の真髄だとすれば、時代を超えた普遍性を有しているはずである。それは二〇世紀前半から今日に至るまでのインドの歩みについても当てはまるものと考えられる。

『実利論』が国家統治にかかわるきわめて広範な内容をカバーしていることは、すでに紹介してきたとおりである。しかし、だからといってインドのあらゆる事象を説明できるわけでもない。高度に発達したテクノロジー、王ではなく国民が主権者となる民主主義、権力を監視するメディア。これらは当然ながら、カウティリヤの時代には存在しなかった。それでも、『実利論』を参照しながら国家間関係の本質を突き詰めて考えると、いまも昔も変わらないことに気づかされる。また、いつの時代でも政治が人間同士の間で行われる営為である以上、遠い過去と現在のあいだに共通項を見出せるのは不思議なことではない。

実際、わたしは『実利論』を読み込んでいくなかで、近現代インドの外交・政治上生じたさまざまな事象が思い浮かんだことに何度も驚かされたものだった。

前口上はこのくらいにして、そろそろ具体的な話に移ることにしよう。国内情勢という点でも国際環境という点でも激動が続いたこの一〇〇年のなかで、インドの政府やリーダーたちの思考と決断、そして行動の多くに合点がいくはずだ。

「外交六計」を思わせるガンディーの巧みな独立闘争

イギリスによる植民地支配の軛《くびき》からインドを解放し、独立に導いた立役者と言えば、マハートマ・ガンディーを措《お》いて他にない。もちろん彼だけでインドの独立が達成されたわけではないが、ガンディー個人のカリスマ性や独創的な思想と行動は、大衆を動員して闘争をエリートだけではない広範な運動にすることに成功し、イギリスにインドからの撤退を決断させることにつながったのは間違いない。

ガンディーは「サティヤーグラハ（真理の把持）」という思想にもとづき、「非暴力」や「不服従」の運動を展開したことで知られる。南アフリカで弁護士として活動していた頃から独立翌年の一九四八年一月に暗殺されるまで、大衆運動の最前線に立ち続けてきた。

その存在と行動はインド国内だけでなく、世界各地の独立運動や人権侵害・人種差別に反対する闘争、民主化運動に多大な影響をもたらしてきた。

質素な国産の布に身を包み、高い精神性と理想主義を兼ね備えた「聖人」のイメージが強いガンディーだが、それだけではないと筆者は捉えている。「現実的でしたたかな戦略家」というのが彼のもうひとつの側面なのだ。ガンディーは必ずしも「非暴力」「大衆運動」一辺倒ではなく、さまざまな手法——もちろん暴力は除いて——を繰り出してイギリスに挑戦したのである。それだけに、インド総督や本国ロンドンの政府は彼の扱いにいっそう手こずることになったと言える。

ガンディーが率いた活動を見ていくと、『実利論』が説く「外交六計」に通じるところが多いことに気づかされる。復習になるが、「外交六計」は「和平、戦争、静止、進軍、依投（庇護の要請）、二重政策」の六つを指すものだ。このうち「戦争」に関して言えば、ガンディーが武力闘争をしたわけではない。この部分は彼にとっての戦い、つまり「非暴力」や「非協力」によるサティヤーグラハの実践と読み替えることにする。

一九一七年のチャンパランや翌一八年にケダで行った農民を助けるためのサティヤーグラハは、いずれも植民地当局の譲歩を引き出すことに成功した。ガンディーは一九一五年

植民地政府の管理下に置かれていた生活に不可欠な塩を、非暴力により国民の手に取り戻すべく行われた「塩の行進」©WIKIMEDIA COMMONS

に南アフリカから帰国してインド国民会議派の活動に加わっていたが、国内で挙げたこの実績によって、彼の名声は高まった。

ガンディーのサティヤーグラハの中でもっともよく知られているのが、一九三〇年の「塩の行進」だ。植民地支配下で、インド人は塩を自由に製造したり販売したりすることが許されていなかった。ガンディーはそこに目を付け、グジャラートのアフマダバードからダーンディーの海岸まで歩いていく運動を起こすことにした。三月一二日に七八人の同志とともに始めた彼の運動(すなわち「戦争」)には道中で数千人が加わり、約三九〇キロメートルを踏破する大規模な「進軍」となった。二五日後、彼等は海岸に至り、実際に塩を作ってみせるところまでこぎ着けた。塩という身近なものをテーマにすることで「独立」や「自由」といった抽象的な概念を「見える化」する、画期的なイニシアチブだった。

「外交六計」に共通する、あるいはその前提となっているものは、自分と敵の力を正確に見きわめた上で対応を決めるべしという考え方だ。むやみに「戦争」を起こし、「進軍」を続けては目的を達成できないどころか、自国や自派の壊滅を招くことになりかねない。「塩の行進」をはじめサティヤーグラハの実践で成功を収めたとはいえ、ガンディーもそれだけで独立が達成できるとは考えていなかっただろう。ましてや相手は当時の超大国、強力で巨大なイギリスである。そこで彼は交渉路線に転じる。翌一九三一年三月、当時インド総督を務めていたアーウィン卿との間に合意が成立。「ガンディー・アーウィン協定」と呼ばれるこの合意では、ガンディー側の「不服従」運動の停止と引き換えに、植民地当局が政治犯を釈放することが盛り込まれた。この時点では何が何でも即時独立にこだわるのではなく、一定の成果が得られることで妥協したのである。これは「六計」の「静止」と「和平」にぴったりと当てはまる。

ただ敵もさるもので、この合意によってガンディーは厳しい立場に追い込まれることにもなった。イギリスは一九三〇年からインドの各勢力を招いた円卓会議をロンドンで開始しており、三一年九月の第二回会議にガンディーが参加することになった。ガンディーにとっては「和平」の継続だったかもしれないが、ここに落とし穴があった。インド国民会議派から出席したのはガンディーただひとりで、インド国内各地の藩王、不可触民やマイノリティの代表も参加するなかで埋没してしまった。円卓会議でガンディーは完全な自治の実現を重ねて求めたが、各勢力による個別の要求が優先され、受け容れられることはなかった。

次の大きな転機は、一九四二年八月に起きた。イギリスのインドからの撤退を求める「クイット・インディア」という大規模な運動を起こしたのである。その三年前、一九三九年にはヨーロッパで第二次世界大戦が勃発し、イギリスはドイツと戦っていた。一九四〇～四一年の両国空軍による「バトル・オブ・ブリテン」で勝利したイギリスだったが、日本の対米英戦が始まったことで新たな状況が生じていた。日本軍は南方戦線で快進撃をつづけ、香港、マレー半島、シンガポール、ビルマといったイギリスの植民地を次々に占領していった。インドについても、ベンガル湾東部のアンダマン・ニコバル諸島が占領されたほか、小規模ではあったが本土でも何度か日本軍の空襲が行われた（ただし、一九四四年のインパール作戦は失敗に終わった)。

ガンディーが日本の戦争を支持したわけではない。しかし、こうした状況がイギリスのインド統治を揺るがしていたのは確かだし、「クイット・インディア」はその機を捉えて始められたものだった。つまり、ガンディーは「六計」で言うところの「戦争」にふたたび転じたのである。植民地当局はこの運動を徹底的に取り締まり、ガンディーも含め大半のリーダーが事前に逮捕されることになった。そのため、短期的には「クイット・インディア」は不発に終わった。だが、ガンディーの硬軟織り交ぜたねばり強い行動はイギリスをじわじわと追い詰めていった。その結果、第二次世界大戦終結から二年後の一九四七年八月一五日、インドは悲願の独立を達成したのである。

こうしたガンディーの対応は、「戦争」と「和平」を臨機応変に切り替える「二重政策」と言えるだろう(ただし、「依投」に相当する動きはなかった)。非暴力の大衆運動が彼の大きな方針だったことは間違いないが、彼我の状況を見きわめながら運動を中止したり交渉に応じたりすることもある、「戦略家ガンディー」としての側面が浮かび上がってくる。

なお、ガンディーが『実利論』を読んだかどうかは、わからない。少なくとも彼がカウティリヤや『実利論』の内容を論じたものを筆者は目にしたことがない。シャーマシャストリによって『実利論』が発見されたのが一九〇五年、彼の英訳が刊行されたのが〇九年。ガンディーはまだ南アフリカで活動している時期だったが、少なくとも『実利論』についての情報は入っていてもおかしくない。あるいは、一九一五年のインド帰国後にサンスクリット語の原典もしくは英訳に接していた可能性も考えられる。いずれも筆者の想像でしかないが、仮にそうだったとしたら、ガンディーは『実利論』をどう受け止めていただろうか。

現代インドのカウティリヤ①――スバース・チャンドラ・ボース

インド独立の実現の背景には、ガンディー以外にも多くのリーダーの活躍があった。ここでは、スバース・チャンドラ・ボースとサルダール・ヴァッラブバーイー・パテールという二人の政治家の役割や行動を見ていくことにしよう。一九九〇年代前半に外務次官を、二〇〇四～〇五年に国家安全保障担当補佐官を務めたJ・N・ディクシットは著書『*Makers of India's Foreign Policy*（インド外交政策の形成者たち）』〈未邦訳〉で、この二人について『実利論』の内容と関連づけながら論じているが、それは彼らがいわば「現代インドのカウティリヤ」と言える存在だからである。

スバース・チャンドラ・ボースはインド国民会議派の議長を務めたこともあるリーダーだが、武力による独立達成を主張してガンディーと対立。一九四〇年末、監視下にあったカルカッタ（現コルカタ）の自宅から脱出、陸路ベルリンに渡り、ドイツの協力を得て反英闘争を展開しようとした。しかしドイツの協力は限定的だったため、一九四三年に今度は日独の潜水艦を乗り継いで東京に行き、日本と連携してアジアからインド解放に取り組んだ。「自由インド仮政府」を樹立して自ら首班となったほか、「インド国民軍」の指揮権を引き継ぎ、同軍は一九四四年のインパール作戦にも参加した。またボースは、一九四三年一一月に日本主導で開催された大東亜会議には、オブザーバーとして出席している。

しかし、一九四五年八月の日本のポツダム宣言受諾により、アジアにおけるボースの活動も中止を余儀なくされた。それを受けてボースはソ連と連携することを考え同国軍が侵攻する満洲に向かおうとするが、給油のために立ち寄った台北の空港で搭乗した航空機が墜落、全身の重度の火傷が原因で彼の人生は突然終止符を打たれることになった。なお、日本では「中村屋のボース」ことラーシュ・ビハーリー・ボースがよく知られているが、もちろん彼とは別人であり、血縁関係もない。

ボースの行動で注目すべきなのは、インドとイギリスという枠に収まらず、ユーラシア

大東亜会議に参加した東條英機首相（中央）ら7カ国の首脳。ボース（右端）も自由インド仮政府首班として参加 ©WIKIMEDIA COMMONS

を股に掛けた点である。これを『実利論』の「マンダラ的世界観」を通じて捉えると、どのような構図が浮かび上がってくるだろうか。マンダラの中心にインドを置けば、そのインドを支配するイギリスは「敵」である（国境を接する「隣国」ではないが、インドを取り巻くという意味において）。その敵を攻撃するには、「隣国の隣国」、すなわち「敵の敵」と組むことが重要というのがカウティリヤの主張だった。ボースがイギリスと直接戦っていたドイツや日本との連携を狙ったのは、このためにほかならない。最終的な結果は別として、日本から多大な協力を取り付けられたのは（もちろん日本側の戦争遂行上の思惑もあってのことだが）、この試みが一定の成果を挙げたことを示している。

また、一九四〇年末にインドから脱出した際、当初ボースが目指した行き先はソ連だった。ソ連が受け入れに積極的ではなかったためドイツに目的地を変更することになるのだが、彼の意図をどう解釈すれば良いのだろうか。社会主義への期待はインド国民会議派のリーダーの間に存在しており、ボースもそのひとりだった（一九四五年八月に再度ソ連と接触しようとしたことからも、彼がソ連に強い期待を寄せていたことがうかがえる）。戦略的に見ると、「マンダラ的世界観」の中でソ連は「中立国」と位置づけられる。もちろんこの大戦でソ連は連合軍としてイギリスと同じ側にいたのだが、インドとの関係では域外にある大国だった。「隣国の隣国」だけでなく中立国との良好な関係が重要とカウティリヤが説くように、ボースもイデオロギー的な親近感に加えて戦略的な観点、言い換えれば中立国たるソ連を自国に引き寄せることでイギリスに対するレバレッジを高めようとしたのではないだろうか。

日本であれドイツであれ、あるいは実現しなかったにしてもソ連であれ、自らがその国に拠点を移して新たな闘争を起こそうとするさまは、これこそ「外交六計」の「依投」ではないだろうか。独立闘争を展開するにしても、人的、資金的、軍事的リソースなしには不可能だ。ガンディーはサティヤーグラハという独創的な手法を通じて国内で大衆運動を展開していったが、ボースはあえて外国に身を委ねる、すなわち「依投」することに活路を見出そうとしたと言える。そして実際、日本からは協力を取り付け、インパール作戦という「戦争」につなげていったわけだ。しかしボースにとって誤算だったのは、日本軍の作戦計画があまりに杜撰《ずさん》だったことだ。「戦争」にこぎ着けたところまでは良かったが、その次の「進軍」につなげることはできなかったのである（カウティリヤだったらどうしていただろうかと考えずにはいられない）。この点については、拙著『インパールの戦いほんとうに「愚戦」だったのか』（文春新書）で詳述したので、ぜひ読んでほしい。

もうひとつ付け加えると、武闘派として見られがちなボースだが、必ずしも「戦争」一辺倒だったわけではない。彼の弁舌は卓越しており、民衆や将兵を熱狂させた。一九四三年に初めて東京を訪れた際、当初インドへの支援に乗り気ではなかった東條英機首相がボースの弁舌にほだされて考えを改めたとも伝えられる。部下からも絶大な敬意を集め、厳正かつ公平な姿勢で臨んだ彼は、『実利論』でカウティリヤが描いた理想的な王のイメージとも重なる。

現代インドのカウティリヤ②――サルダール・パテール

サルダール・ヴァッラブバーイー・パテールのほうは、ガンディーやボース、後述するネルーと比べると、名前を聞いても日本ではあまりピンとこないかもしれない。だが、彼は「インドのビスマルク」「インドの鉄の男」と称されるほどの政治家であり、インドでは知名度が非常に高い人物である。日本では維新政府で辣腕を振るった大久保利通に通じるものがあるように思われる。

パテールは先述した一九一七年のチャンパランでのサティヤーグラハに参加して以来、ガンディーとともに行動してきたインド国民会議派の幹部である（同時に、ヒンドゥー主義団体との関係も有していたとされる）。インド独立後、初代副首相兼内相——すなわち首相のネルーに次ぐ政権ナンバー2——に就任したと知れば、彼の存在の大きさがわかるのではないだろうか。

ボースが外交における現代版カウティリヤだとすれば、パテールは内政、とりわけ国家統合で『実利論』の内容を実践したと言える。インドは一九四七年に独立を達成したものの、難題に直面することになった。国内各地に存在していた藩王国を新生インドにどう統合するかという問題である。

藩王国とは、イギリスとの間で保護条約を結び、外交や軍事を委ねることと引き換えに域内の自治を保障された各地の王国のことである。数百万単位の人口を持つものから一都市やいくつかの村の集まり程度のものまで、その数は大小合わせて五六〇あまりに上った。

イギリスから独立するに際し、それまでのインドは、ヒンドゥー教徒が多い地域とイスラム教徒が多い地域の二つに分離されることになった。前者がインド共和国、後者がパキスタン・イスラム共和国（西パキスタンおよび東パキスタン＝後のバングラデシュ）である。各地の藩王国も、ヒンドゥー教徒多数派のところもあれば、イスラム教徒多数派のところもあり、世襲の藩王が帰属を決めるよう求められた。といっても、宗教的分布が地域毎にまとまっているところばかりではなかった。

その最たるものは、インド亜大陸南部、内陸に位置するハイデラバード藩王国（ニザーム藩王国とも呼ばれる）だった。インド最大の藩王国だっただけに、その気になれば独立することも不可能ではなかった。加えて、住民はヒンドゥー教徒が多数派だが藩王はイスラム教徒のため、仮にパキスタンへの帰属が選択されれば、インドは東西両翼だけでなく、国の中央に近い地域に広大な「外国」が誕生することになる。インドからすれば、それは国家統治の観点からも安全保障の見地からも、到底容認できるものではなかった。結局ハイデラバード藩王国は独立を選択するのだが、インド政府側はひとまず現状維持とした。その後、同藩王国がパキスタン編入に傾いたため、危機感を強めたパテールは軍の投入を決意し、藩王が降伏したことでインドへの編入が決まった。

数多の藩王国の編入に手腕を発揮したパテール（左）。インドにおけるナショナリズムの高揚により評価が高まっている ©WIKIMEDIA COMMONS

もうひとつの難題はジャンムー・カシミール藩王国だった。こちらの場合は、住民はイスラム教徒が多数派を占めるが藩王はヒンドゥー教徒という、ハイデラバードとは逆の関係だった。西パキスタンに接する位置にあったため、印パ分離独立から間もない時期にパキスタン側から国の意を体した民兵が侵入してきた。この事態にヒンドゥー教徒の藩王はインド帰属を決定し、インドから軍が送り込まれた。その後パキスタンも正規軍を投入して戦闘が拡大し、国連安全保障理事会が介入する事態にまで発展した（第一次印パ戦争）。その後もこの地域では紛争が続き、ジャンムー・カシミールはインドとパキスタンがそれぞれ実効支配地域を持つ状態がつづいている。しかし、ここでも早い段階でパテールが軍の投入に踏み切らなければ、藩王国全体がパキスタンに占領されていた恐れもあっただけに、インドという国家のあり方を大きく左右する決断だったのである。

藩王国に対して強い姿勢で臨み、場合によっては武力行使も厭わなかったパテールは、カウティリヤの再来と言えるかもしれない。しかし、新生インドで彼がその類稀《たぐいまれ》な能力を発揮できた時間はごく短かった。というのも、一九五〇年末に病死したからである。インド独立からわずか三年半後のことだった。それでも、気の遠くなりそうな数の藩王国の統合という難事業を達成できたのはパテールあってのことであり、ガンディーがインドの国父だとすれば、パテールは「インド統合の父」と呼ばれるにふさわしい。

こうした強力なリーダーシップに加え、ナレンドラ・モディ現首相と同じグジャラートの出身ということもあって、近年パテールの評価はあらためて高まりつつある。二〇一八年にはグジャラート州内に「統一の像(Statue of Unity)」と名付けられた巨大なパテール像が建立され、モディ首相が落成式を執り行った。台座を除いた像の部分だけでも高さが一八二メートルある、世界で最も高い像だ。

ネルーの理想主義外交は「異端」だったのか

独立前だけでなく独立後のインドを形作ったのが、初代首相のジャワーハルラール・ネルーだ。時に見解を異にすることもあったが、ガンディーと行動をともにし、自身も何度も投獄された経験を持つ。ガンディーが独立から半年後の一九四八年一月に暗殺され、パテールが五〇年に病死したため、それ以降はネルーが国家の屋台骨を支えることになった。

ネルーはインドが独立した一九四七年八月から六四年五月に死去するまで、首相だけでなく外相も兼任した。つまり、この一七年弱のインド外交は「ネルー外交」と同義と言えるほど、彼が対外関係を仕切った時代だった。ネルー外交は理想主義的な性格が強く、リアリズムの立場からすると外国を信頼しすぎ、あるいは甘すぎると映る。

そうした外交アプローチが裏目に出てしまったのが、中国との関係だった。国共内戦に勝利した中国共産党が一九四九年一〇月に中華人民共和国の成立を宣言すると、翌五〇年四月にはインドは外交関係を樹立した。中国を承認したのはアジアの非共産国としてはインドが最初だった。一九五四年にはネルー首相と周恩来首相が内政不干渉や相互不可侵等の内容が盛り込まれた「平和五原則」を発表するなど、五〇年代前半は印中蜜月期と言うべき状態だった。

1954年にネルーは訪中して毛沢東と会談。「中国とインドは兄弟」と掲げたが、後の国境紛争では中国軍の侵攻を許した ©WIKIMEDIA COMMONS

だが一九五〇年代も後半に入ると途端に雲行きが怪しくなってくる。火種は国境問題だった。印中間の国境は全長三五〇〇キロメートル（パキスタンが実効支配する地域も含んだもの）に及ぶが、そのすべてが未画定だった。ところが、インドが自国領と主張する西部国境のアクサイチンという地域に中国が道路を建設していることが判明した。もうひとつの問題はチベットだった。チベットは歴史的、宗教的にインドと密接な関係を持っていたが、一九五一年に中国と一七か条からなる協定を結び、その統治下に入った。しかし自治が保障されるという約束は守られず、一九五九年三月には首府のラサで騒乱が発生し、事態の激化を避けるため最高指導者のダライ・ラマ一四世はインドに亡命することになった。

ネルーはこうした問題を軽視していたわけではなかったが、それでも対中強硬路線に転じることはなかった。サルダール・パテールは生前、中国に厳しい姿勢で臨むことを主張したが、ネルーは聞く耳を持たなかった。ネルーの中国に対する信頼は一九六二年一〇月に印中国境紛争が起きるまでつづいた。リアリストたるカウティリヤに叱責されそうな対応だが、優れた文筆家としても知られるネルーは『実利論』を読み込んでいただけに（本章コラム参照）、その教えを現実の外交で活かせなかったのは皮肉と言わざるを得ない。

ただ、ネルー外交のもうひとつの特徴である「非同盟」路線については、マンダラ的世界観の観点で捉えると、従来とはひと味違った見方ができる。冷戦構造のもと、世界が二極化する中でインドは東西いずれの陣営にも加わらず、アジア・アフリカ諸国を中心とする第三世界の結束に注力した。アメリカとソ連のどちらをマンダラの中心に置くかにかかわらず、敵対し合う両陣営に対してインドは域外の大国として「中立国」のポジションを選んだということになる。あるいは『三国志』を例に取れば、諸葛亮が劉備に献策した「天下三分の計」にも通じるところがある。

なお、ネルーが日本との関係強化を図ったことは付記しておきたい。インドは一九五一年のサンフランシスコ講和会議には出席しなかったが、翌五二年に個別に平和条約を結び、対日賠償請求権も放棄した。一九五七年五月には岸信介首相が訪印し、同年一〇月にはネルー首相が訪日するなど、この時期、日印関係は進展が見られた。日本がアメリカと安全保障条約を結び西側陣営に入っていたにもかかわらず友好的な姿勢で臨んだのは、ネルーがアジアの連帯を重視していたことの表れでもあった。この他、一九四九年には東京の小学生のリクエストに応えるかたちで、ネルーはインドゾウを上野動物園に寄贈している。

「非同盟」と「同盟」のあいだ――ソ連への接近とバングラデシュ独立支援

ネルーのもとで「非同盟」外交を推進していったインドだったが、一九七〇年代に入ると様相が変わってくる。世界の大国間関係に大きな変化が生じたためだ。一九七一年にアメリカのキッシンジャー大統領補佐官が、翌七二年にはニクソン大統領が北京を訪問し、米中が急接近した。アメリカとしてはソ連との冷戦を有利に運ぶべく、台湾（中華民国）よりも中華人民共和国との関係構築に舵を切ったのだった。

米中はそれぞれパキスタンと良好な関係を築いていたため、南アジアでは「米中パ」が

現在の南アジアと周辺地域

つながることになった。インドからすれば自国に対する包囲網以外の何ものでもない事態が出現しただけに、対抗策を講じる必要に迫られた。マンダラ的に言えば、以前から厳しい関係にあった隣国（＝中国とパキスタン）に加えて、そこにアメリカという巨大な「中立国」が加わったのだから。

そこでインドは二つの行動に出た。ひとつはソ連との関係強化である。一九七一年八月――キッシンジャー極秘訪中からちょうど一か月後——印ソ平和友好協力条約が結ばれた。この条約にはいずれかが第三国から攻撃を受けた場合、それを自国に対する攻撃と見なすという趣旨の条項が入っており、「事実上の同盟」と言っても差し支えない内容だった。「非同盟」路線をとっていたインドがそこまでしたのは、それだけ自国を取り巻く情勢に強い危機感を抱いていたことの証左である。それ以前も印ソは良好な関係にあったが、両国はこれ以降、防衛面や国連での連携、人的関係を中心にさらに結びつきを強めていく。それは一九九一年にソ連が崩壊してロシアになってからも変わらなかった。二〇二二年以降ロシアによるウクライナ侵攻がつづくなか、インドが対露経済制裁を科す米欧日とは一線を画しているのも、こうした伝統的な関係が背景にある。

米中パによる包囲網を打破すべく一九七〇年代初頭にインドがとったもうひとつの対策は、東パキスタン情勢に対する介入だった。前述したとおり、一九四七年八月の分離独立で誕生したパキスタンは、西パキスタン（パンジャーブ州の西半分、北西辺境州、シンド州、バローチスターン州。これとは別に実効支配するカシミールの一部がある）、東パキスタン（ベンガル州の東半分）で構成される、人工的な国家だった。東西パキスタンは対等というのが建前だったが、実際には首都のイスラマバードをはじめ西パキスタンに重心があった。

人口面では自分たちが多かったことや公用語になったウルドゥー語話者が限られていたことも手伝って、東パキスタンは不満を募らせていった。こうしたなかで東パキスタンでは独立運動が広まり、それを鎮圧しようとしたパキスタン国軍との間で衝突が発生した。折しもインドとパキスタンの間でも緊張が高まり、一九四七年、六五年につづく第三次印パ戦争が勃発した。この戦争にインドは勝利しただけでなく、東パキスタンがバングラデシュ(「ベンガル人の国」の意)として独立するという結果をもたらすことにもなった。

地理的には異なるが、インドと(西)パキスタン双方と深い関わりのある東パキスタンを独立させてバングラデシュという国を作ったことは、マンダラにおける「中間国」の創出にほかならない。そのバングラデシュを自国に近い存在にしたことは、東西から挟撃されるリスクをなくしたという点で、インドにとって大きなアドバンテージとなったのは言うまでもない。ただし、バングラデシュ建国の父と称されるムジブル・ラフマンが創設したアワミ連盟が親インド的なのに対し、バングラデシュ民族主義党(BNP)は異なる姿勢であるなど、バングラデシュの中でもインド一辺倒というわけではなく、巨大な隣国との距離のとり方をめぐって見解が分かれていることは踏まえておく必要がある。

「マンダラ的世界観」で読み解く現代の隣国と「拡大近隣」

『実利論』第九章に「地上のうちの北方、雪山（ヒマラヤ）と海の間の、斜めに千ヨージャナ（由旬）の距離の地域が『転輪聖王の土地』である」（九－一－一八）とあるように、カウティリヤの時代以来、インドが行動する空間はインド亜大陸を基本的な範囲としてきた。しかし、インドは経済を中心に国力を急速に高めていくなかで、いまや地域からグローバルなレベルまで活発な外交を展開するようになっている。『実利論』的に言えば、インドを中心とするマンダラが同心円状に拡大しているということになる。それは陸地だけでなく、海洋、すなわちベンガル湾やアラビア海、その先のインド洋にも広がっているのである。

それでも足元の近隣諸国との関係が重要であることに変わりはない。モディ政権が二〇一四年の発足以来、「近隣第一政策」を掲げて隣国との関係強化に取り組もうとしているのも、その認識の表れである。ただ、それはインドだけで実現できるものではなく、個々の隣国内部の状況や方針からも影響を受けている。パキスタンとの間では、二〇〇八年一一月のムンバイ同時多発テロをめぐり関係が険悪になった時期もあったが、それでも一五年末にモディ首相がパキスタンのラホールを電撃訪問して当時のナワーズ・シャリーフ首相と会談するなど、改善に向けた取り組みが行われた。しかし、二〇一九年二月にインド側カシミールでパキスタンから越境してきたと見られる武装勢力によるテロが発生し、これに対してインド空軍がパキスタン領内のテロリストのキャンプを標的に報復攻撃を行い、それ以来両国の関係は緊張した状態がつづいている。

この他にも、モルディブでは二〇二三年九月の大統領選でインドに厳しい姿勢をとる候補が当選したり、二四年八月にはバングラデシュで学生による反政府抗議運動の結果、インドとの関係を重視してきたシェイク・ハシナ首相が辞任して出国する事態が起きたりもしている。そこで忘れてはいけないのが、南アジア諸国との関係を強化し、各国および地域に影響力を及ぼそうとしている国が他にあることだ。中国は「一帯一路」構想を通じてパキスタンやスリランカ、ミャンマーをはじめとする国々への関与を強めている。その中国も自国の経済成長の減速という試練に直面しており、時間の経過とともに情勢の揺り戻しもあるなかで、インドが自国ならではのリソースやアプローチにより、こうした南アジアの隣国との関係を再構築していけるかが注目される。

こうした状況を背景として近年インドが注力しているのが、「拡大近隣（Extended neighbourhood）」と呼ばれる地域との関係強化である。これは直接国境を接している国のさらに外周に広がる国々を指す概念で、具体的には東南アジアや中央アジア、湾岸諸国、インド洋の島嶼国《とうしょこく》が含まれる。この「拡大近隣」について考えるとき、筆者はマンダラにおける「隣国の隣国」を想起する。序章でも簡単に触れたが、S・ジャイシャンカル外相は近著『インド外交の新たな戦略　なぜ「バーラト」が重要なのか〈仮題〉』で周辺国との外交について説明する際、マンダラ外交論を展開している。それによると、第一のマンダラは隣国であり、第二のマンダラは拡大近隣と位置づけられている。この例からは、『実利論』で説かれる伝統的な戦略思想が今日においても活かされていることがよくわかる。

中国の位置づけとマンダラの重層化

本章では中国について何度か触れてきたが、ここでインドとの関係をあらためて整理しておきたい。

一九五一年まで、インドと中国は実質的にはほとんどの部分で直接国境を接していなかった。間には広大なチベットが「緩衝国」として存在していたからである（ただし中国側は、チベットは以前から自国の領土だったと主張している）。少なくとも、一九五一年以前にインド軍と中国軍が国境を挟んで衝突するということはなかった。しかし、チベットが

「一七か条協定」によって中国の統治下に入ると、状況が一変する。中国とインドが「隣国」同士になったのである。マンダラ的世界観で言えば、インドにとっては警戒すべき相手ということになる。実際、一九六二年の国境紛争では人民解放軍が越境し、インド側は手痛い敗北を喫してしまったのである。

一九八〇年代に入ると印中関係に改善の兆しが見え始め、八八年にはラジーヴ・ガンディー（ネルーの孫）が訪中し、両国は国境問題に関する協議を密にしていく。だが、今日に至るまで印中国境は画定に至っていない。結果だけ見れば交渉は無駄と映るかもしれないが、「外交六計」の観点で捉え直すと別の視点が浮かび上がってくる。インドは「依投」と「進軍」以外の四計、すなわち「和平」、「戦争」、「静止」、「二重政策」をその時々の状況に応じて使い分けることで、関係のマネージを図ってきたと言えるのである。

序章でも引用したキッシンジャー『国際秩序』では、『実利論』における戦略の目的について、「他の国をすべて征服し、勝利に向かう道に存在するそういう（引用者注：諸国間の）釣り合いを克服すること」と捉えている。たしかに隣国をすべて征服できるに越したことはないが、実際にはそう簡単にはいかない。したがって、究極的な目標は別にしても、ある程度長期にわたって共存せざるを得なくなる。キッシンジャーの言う意味と同じではないにせよ、そこには勢力均衡の意識があるし、そのための戦術が「外交六計」にほかならない。

実際、インドは国境問題をめぐり一九九〇年代以降も中国と数々の合意を結ぶ一方で、必要に応じて武力に関わる姿勢や行動も取ってきた。一九九八年に核実験を決行した際には、ヴァジペーイー首相がクリントン米大統領に宛てた書簡で「インドと国境を接する核保有国」、つまり中国の存在を念頭に置いていたことを明らかにしていた。あるいは、二〇二〇年六月に国境地域で人民解放軍が越境してきた際には、インド軍は死者を出しながらも応戦した。しかし、一方で事態がエスカレートして全面戦争に発展するのは「実利」にならない。そのため「静止」するという対応も講じてきた。そして二〇二四年秋以降、両国はふたたび協議のテーブルに着いている。二〇二四年一〇月にモディ首相と習近平国家主席が五年ぶりに会談し、二五年一月には両国間の民間航空便を再開させることでも一致した。つまり、「和平」に転じたのである。

国境問題は両国の歴史的経緯に関する認識の違いもあり、最終的な解決は容易ではない。今後、二〇二〇年のような国境での突発的な越境事案がふたたび発生する可能性も否定できない。そうした中で、印中は互いに相手の状況をうかがいながら、時に協力し、時に強硬な姿勢に出るといったゲームを展開していくものと思われる。

対中関係に限らず、より高いレベルに視野を広げれば、インドはグローバル大国としての性格を強めていくなかで、さまざまな大国間の連携にも取り組んでいる。二一世紀に入ってからのインド外交は、アメリカや日本との関係強化を重視してきた。それは二国間だけでなく、日米豪との安全保障対話「クアッド」のように複数の同志国によるグループの構築というかたちも取っている（インドはこれを「プルーリラテラリズム〈Plurilateral-ism〉」と呼んでいる）。また、インドは主要な先進国と新興国、資源国によって構成されるG20のメンバーでもあり、議長国を務めた二〇二三年には、米欧日とロシア・中国の間に立って共同宣言を取りまとめるなど、リーダーシップを発揮した。しかし同時に、本章ですでに指摘したようにロシアとの伝統的関係をも維持している。ここでも二国間はもちろん、印露がともにメンバーとなっているBRICSや上海協力機構（SCO）のような複数国のグループでも連携が見られる。さらにインドには、「グローバル・サウスの盟主」という自負もある。こうした動きを踏まえると、現代のインド外交ではひとつだけではなく複数のマンダラが折り重なり、「マンダラの重層化」が同時並行的に進行していると言えるだろう。

コラム⑥ インド初代首相ネルー、『実利論』とカウティリヤを語る

第1章で記したように、『実利論』は二〇世紀初頭に「発見」されたことで、一躍インドの知識人や西洋のインド研究者のあいだで脚光を浴びた。当時のインドはイギリスの植民地支配下で、独立運動の気運が高まりつつあった。二度の世界大戦を含め、さまざまな紆余曲折を経てインドは一九四七年に独立を達成するのだが、そのなかで個性豊かなリーダーが綺羅星《きらぼし》のごとく登場した。

なかでも、インド国民会議派主導の独立闘争をリードし独立後には初代首相に就任したジャワーハルラール・ネルーは、マハートマ・ガンディーに次ぐ存在だ。彼は文才豊かだったことでも知られており、娘で後に首相となるインディラに宛てて獄中で書いた『父が子に語る世界歴史（*Glimpses of World History*）』をはじめ、いくつかの重要な著書がある。そのうちのひとつである『インドの発見（*The Discovery of India*）』（原書は一九四六年刊行。日本でも五三年に邦訳が刊行された）も獄中で執筆されたものだが、『実利論』についての言及がいくつもあり、彼が同書を読み込んでい

たことがうかがえる。

たとえば、インドにおける思想史を振り返るなかで、ネルーはこう記している（訳文は筆者によるもの）。

「インドでは何世紀にもわたり唯物論思想が実践され、当時の人びとに強い影響を与えたことは疑いがない。紀元前四世紀にカウティリヤによって記された政治経済体制の構築に関する名著『実利論』では、唯物論思想がインドにおける主要な思想のひとつとして示されている」

また、カウティリヤ（チャーナキャ）とマキャベリ、それにクラウゼヴィッツとの比較を試みている点も興味深い。

「チャーナキャは『インドのマキャヴェリ』と呼ばれており、ある程度まではその比較は正しいと言える。だが、彼はあらゆる点においてはるかに大きな存在であり、知力においても行動においても偉大な人物である。彼は単なる王の追随者でもなければ、全能の皇帝に仕える控えめな顧問でもない。（中略）チャーナキャは自らの目的を達成するためには、いかなることをも厭わなかった。彼はきわめて残酷だったが、結果につながらない手段をとれば、目的自体が適《かな》わなくなってしまうことをよく理解していた」

「クラウゼヴィッツのはるか前に、戦争は異なる手段によって行われる政治の継続であることをチャーナキャは指摘していたと伝えられる。だが、彼はこう付け加えてもいる。戦争はそれ自体を目的にするのではなく、つねに政策の全体的な目的に資するものでなくてはならない。政治家が追求すべきは、戦争の結果として国家の状況の改善をもたらすことであり、ただ敵を打ち負かしたり破壊したりすれば良いというものではない」

こうした記述からうかがえるのは、ネルーが『実利論』はもちろん、西洋史に通暁していたことだ（彼はイギリスに留学し、全寮制の名門パブリックスクール、ハーロー校で学び、その後ケンブリッジ大学のトリニティ・カレッジを卒業している）。一方で、チャーナキャ論を展開する際に本書第2章のコラムでも取り上げたサンスクリット戯曲『ムドラー・ラークシャサ』についても言及しており、その博識ぶりには驚嘆させられる。

ネルーはこの他にもマウリヤ朝のインドについて論じる中で、武器の用い方や宮廷の建築等について、当時の様子を記したもうひとつの史料であるメガステーネスの『インド誌』と並んで『実利論』の記述を引用している。

ではネルーが『実利論』の内容を実践したかというと、話は別のようだ。それについては本章で論じたように、彼は外交において理想主義的な方針で臨んだことで、当初蜜月関係にあった中国から後に攻撃を受ける事態を招きもし、一九六四年、失意のうちに世を去ることになった。

むしろ、『実利論』の教えを外交と内政の両面で活かしたのは、娘のインディラ・ガンディーかもしれない（ガンディーというのは結婚後の名字だが、マハートマ・ガンディーとは血縁関係はない）。父ネルーが一九六四年に死去した後、彼の内閣で内相や鉄道相を務めたラール・バハードゥル・シャストリが後継首相となった。しかしシャストリも一九六六年にソ連のタシケント（現在はウズベキスタンの首都）で客死したため、当時四八歳のインディラが首相に就任することになった。

インディラは一九六六〜七七年、八〇〜八四年の計一六年近くにわたり首相を務めた。本章で取り上げたように、一九七〇年代初頭、インドは中国およびパキスタンという「隣国」の連合にアメリカという「中立国」が加わり、包囲されるかたちとなった。不利な状況を打開するべく、マンダラにおけるもうひとつの「中立国」、ソ連と組み、さらに「離間策」によってパキスタンからバングラデシュを切り離すことに成功したのである。

内政では、インディラは「貧困追放」を掲げると同時に、統制的、強権的な姿勢で臨みもした。一九七五年には選挙違反で有罪となり議員資格を停止されるが、それに対して非常事態宣言を出し、反対派を弾圧した。一九八〇年に首相に返り咲いた後、活発化していたシーク教徒の分離主義勢力に対し、八四年にアムリトサルにある総本山、ゴールデン・テンプルに軍を投入して掃討するという強圧的な策に出た。ただ、シーク教分離主義勢力に対する強硬な姿勢は、取り返しのつかない結果を招くことになった。作戦からわずか四か月後の同年一〇月三一日、インディラは暗殺されてしまう。犯人は自身のボディガード二人で、いずれもシーク教徒だったのである。

父ネルーと同様にインディラも『実利論』を読み込んでいたかはわからない。しかし、少なくとも『インドの発見』は読んでいただろうし、だとすれば父が高く評価していた『実利論』のエッセンスは知っていて当然だと思われる。外交の実践でどこまで彼女がその内容を意識していたかは不明だが、先述したとおり、いくつかの重要なケースではマンダラ的世界観にもとづく対応が絶妙に当てはまる。一方、現代、とりわけ民主主義のもとで『実利論』流の統治手法を適用するのは容易ではないことも感じさせられる。

終章　『実利論』から日本は何を学べるか

ここまで『実利論』について、古代インドの時代背景および成立や著者をめぐる経緯に始まり、その内容を国内統治、外交、インテリジェンス、軍事にわけて解説してきた。また、近現代インドの独立運動、外交や国家統合を『実利論』のレンズを通じて捉えるという試みも行った。本書を締めくくるにあたり、では『実利論』が今日のわたしたちにとってどのような意味を持つのかについて論じていくことにしたい。

『実利論』に限らず、古今東西の古典を現代に活かそうとする際に大事な点がある。それは、内容のすべてが適用可能ではないということである。ひとりの人物の手になるものであれ、複数の著者によるものであれ、執筆された時代の政治や社会、そして場所の状態や性格が一定程度反映されている。二一世紀の人間からすると、高度化・複雑化する状況にそぐわなかったり、時代錯誤的、あるいは差別的と感じられたりする点もなくはない。それでも古典として今日に至るまで読み継がれ、時代や地域、本来のテーマを超えた広がりを見せているのは、物事の本質を鋭く突き、さまざまな場面や状況に応用できる汎用性を持ち、普遍性があることの証左である。本来は兵法書である『孫子』がビジネスや生活全般に活かされているように、昨今の「戦略的思考」や「戦略本」において、はるか昔に記された古典に範をとるものが少なくないのは、このためにほかならない。

これは『実利論』にも当てはまる。当然ながらマウリヤ朝の頃と現代とでは、内政であれ外交であれ、状況が大きく異なる。王制だった古代インドに対して、現代インドは「世界最大の民主主義国」を標榜している（ただし、近年のインドは「民主主義の母」であるとも主張し、その原点を古代の政治体制に求めている）。経済の多様化、人工知能や通信をはじめとするテクノロジーの驚異的な発達、政府を監視するメディアの存在、グローバリゼーションの進行と相互依存の深まりなど、他にも相違点を挙げればきりがない。インド政府の指導層や政治家、官僚が『実利論』を参照しながら政策を決めているわけでもないはずだ。こうした背景を踏まえた上で、この古代インドの国家統治論からわたしたちは何を学ぶことができるだろうか。

第一に、『実利論』を通じてインドの伝統的な戦略思考の真髄を知ることができるという点である。S・ジャイシャンカル外相は自著『インド外交の流儀』で、次のように記している。

「……インドの視点を理解するのに困難を感じるとしたら、それはかなりの部分でインドの思考プロセスに対する無知から来ている。（中略）『マハーバーラタ』と言えば一般的なインド人の思考に深い影響を及ぼしている叙事詩だが、インドの戦略思想について記されたアメリカの入門書が同書に触れることすらしていないのは、そのことを如実に示している」

「これは確実に改められなくてはならない。なぜなら、多様な文化に対する理解を促進することが多極世界における特徴の一つだからだ。もう一つの理由は、インドと世界が現在直面する困難の多くは、これまでもっとも壮大な物語の中に類似性を見出すことができるという点にある」

（ジャイシャンカル二〇二一）

引用部分でも触れられているように、これは『マハーバーラタ』を念頭に置いたものだが、同じことは『実利論』についても当てはまる。実際、ジャイシャンカル外相の二冊目の著書『インド外交の新たな戦略』では、もうひとつの叙事詩『ラーマーヤナ』のエピソードが多く紹介されているのが特徴だが、本書でも指摘したように、「マンダラ的世界観」についても論じられており、これが『実利論』を念頭に置いたものであることは明らかだ。

この世界観を通じて今日のインド外交を捉えると、多くの展開が腑に落ちることは第6章で示したとおりである。とりわけ直接国境を接する国々と「拡大近隣」諸国に対する外交は、マンダラ的世界観でかなりの部分を説明することができる。その先に広がる大国間外交についても、「隣国の隣国」「隣国の隣国の隣国」といった位置づけに厳密なかたちで当てはまらなくとも概念として捉えることで多くの示唆を得ることができるだろう。とくに自国と隣国の関係において域外の「中立国」が担う役割の説明は非常に興味深いものがある。

これ以外にも、インドの外交関係者や軍人、政治家の文章を読んだり話を聴いたりしていると、古典を踏まえた内容が随所に現れることに気づかされる。一例を挙げると、外務次官や国家安全保障担当補佐官の要職を務めたシヴシャンカル・メノンの著書『*Choice*（選択）』〈未邦訳〉に、「静かなる者は他者から信頼を得、慎ましき者は人生においてすべてを手にする」という言葉が引用されている。これは『マハーバーラタ』に登場する主要人物のひとり、ビーシュマの言葉だ。時代は大きく異なるが、日本で言えば、聖徳太子の「十七条憲法」にある「和を以て貴しとなす」や親鸞聖人の「善人なおもて往生をとぐ、いわんや悪人をや」という「悪人正機説」を引用するのに似ていると言えるかもしれない。

インドが国力を急速に増大させ、国際社会における地位を高めていくなかで、自国の伝統にアイデンティティを求めようとする傾向が近年強まっている。なかでも、『マハーバーラタ』や『ラーマーヤナ』、そして『実利論』といった不朽の古典が持つ価値はいっそう高まっていくことになるだろう。

『実利論』から学べることの第二は、徹底したリアリズムの追求である。これは『実利論』全体に通底する特徴であり、他者（他国）や自分（自国）を取り巻く環境に対してつねに警戒を怠らず、厳しい姿勢で臨むことが求められている。本文には、ややもすると疑いすぎなのではと感じられる記述も散見される。それだけ当時のインドでは、建国すれば安泰というわけではなく、王や王朝が生き長らえるには、その後も熾烈な戦いを勝ち抜かなければならなかったということなのだろう（実際、王が殺害されたり、王朝が転覆されたりというケースは枚挙に暇《いとま》がない）。

マウリヤ朝第三代の王アショーカは自ら仏教に深く帰依するとともに国内各地にその教えを広め、帝国の最盛期をもたらした。彼が思い描いたであろう理想《ダルマ》が現実に展開されたわけだが、それはリアリズムにもとづいて建国とインド統一を達成し、繁栄の礎を築いたチャンドラグプタとカウティリヤの活躍があってのことだと言える。多数の国が争いを繰り返し、不安定で秩序のない状況であれば、理想を実践したくてもそうはいかなかっただろう。

他者（他国）との関係という点で言えば、それはつねに変わり得るものであり、「永遠の味方もいなければ、永遠の敵もいない」という認識が浮かび上がってくる。マンダラ的世界観に即して言えば、「隣国」は「敵」であり、「隣国の隣国」は「友邦」と位置づけられる。だからこそ「隣国の隣国」、すなわち「敵の敵」との関係が重要だとカウティリヤは説く。だが、「隣国」を支配することに成功したとして、新しい局面が生じる。それまで「友邦」だった「隣国の隣国」が今度は「隣国」、すなわち「敵」になり得るのである。現代の国際環境で国が征服されたり国境が変わったりすることは多くはないので、このような事態が簡単に起こるわけではないだろう。とはいえ、マンダラが固定的ではなくダイナミックに変遷するものであるように、国と国の関係も同様であるという視点は重要だ。

信頼や友好は大切だが、緊張感を失うことは禁物なのである。

そうしたダイナミックかつ重層的なマンダラの中で最良の判断をするために必要なのが、徹底したインテリジェンスの収集と分析・評価、それにもとづく「外交六計」の選択だった。そのいずれが欠けていても、適切な結論を導くことができない。臨機応変な対応が求められるのは平時だけではない。検討の結果、「六計」の中で「戦争」が選択されたとしても、戦況や彼我の力の比較を踏まえながら「進軍」や「静止」、「二重政策」といった他のオプションに転じる余地をつねに残しておくことが大切とされる。中には「依投」のように第三者への庇護の要請、すなわち亡命を余儀なくされる場合もある。それは苦境であるかもしれないが、戦術的な後退と捉えることによって、再起に向けた可能性を残すことができる。一か八かの大ばくちに打って出るのではなく、長期的な視座に立ってトータルで事を優位に運ぶことが重要というのがカウティリヤのメッセージだと言える。

そして最後に、人間の本質についての洞察である。その記述の詳細さゆえに、『実利論』は「統治のマニュアル本」と呼ばれることもある。たしかに、どの分野でも細かすぎるのではないかと思えるほどの記述に満ちあふれている。だが、人間の本質をずばりと突く詩節が所々に盛り込まれているのがこの本を語る上で外すわけにはいかない大きな魅力であるとわたしは感じている。

その特徴は、「人は弱いもの」という前提に立っているのではないかと思える点だ。性善説と性悪説という善悪の話ではなく、「性弱説」と言える。日々の生活の中ではさまざまな誘惑があり、王ともなればなおさらだ。欲望を持つのは自分だけでなく、他者も同様だ。それぞれに怒りや嫉妬といったネガティブな感情が生じることもある。だからこそ相手とのあいだに摩擦や争いが生じる。『実利論』は統治する側を想定して記されたものなので、王たるものはこれらを克服すべく学問と修養に努めるべしと説かれているが、そうした意識面の心がけのみならず、情報の収集や相手側への働きかけなどの重要性についても言及されている点は、わたしたちにとっても参考になるのではないか。それは裏返して言えば、他者も同じことを考えていてもおかしくなく、それを念頭に置いて自らを律するべきという戒めにもつながってくる。

そして第二の点とも重なるが、つねに変動する関係性の中で、自分と他者の関わりのアップデートを怠るべきではないという教訓も導かれる。その意味で、「昨日の敵は今日の友」という言葉は正しいが、それには続きがある。「今日の友は明日の敵」、「明日の敵は明後日の友」になるかもしれないということも忘れてはいけないのだ。もちろん永続的に良好な関係を築けるに越したことはないし、個人レベルで言えば実際にいくつもあるだろう。それを否定するものではもちろんない。ただその一方で、そうした関係がどこでも実現可能というわけではない。事がうまくいかないときであっても冷静かつねばり強く、そして長期的に関係性を捉え、望ましい結果を得るために必要なことをなしていく重要性を『実利論』は説いているのである。

あとがきと謝辞

戦略論のカテゴリーに分類される書物は少なくない。その範囲は時間的にも空間的にも大きな広がりを持つがゆえに、個々の作品についてだけでなく、そうした名著をまとめて紹介する書籍も数多くある。ところが、管見の限り、『実利論』やカウティリヤが含まれているものはほとんどと言って良いほどない（奥山真司氏が近著『世界最強の地政学』で「古代の地政学：カウティリヤ」という項を設けてマンダラ的世界観を紹介しているのは、その意味でも貴重だ）。

インドをはじめ南アジアを研究や著作のフィールドとするわたしは、こうした状況を残念なことだと常々思っていた。これは戦略論の世界に限った話ではなく、歴史や文学、芸術をはじめとする多くの分野においても、日本では東洋と西洋、さらに限定して言えば中国と米欧の情報を偏重する傾向が強かった（もちろん日本ではインド学について、国際的に見てもきわめて高い水準の研究実績が長年にわたり蓄積されてきたことは付記しておく）。インドは東洋に分類されるが、日本の関心は仏教や哲学・思想をはじめとする分野に向かう傾向が強かったと言わざるを得ない。梅棹忠夫は『文明の生態史観』で、インドを含む地域を東洋でも西洋でもない「中洋」だという見方を示しているが、まさに慧眼だと思う。インドは東洋でもあり西洋でもある、という言い方もできるかもしれない。東西いずれの枠にも収まりきらないユニークさがあるのだ。

だが、実はそのインドは計り知れないほど豊かなリソースの宝庫なのである。日本でも近年、インドへの注目度が高まるなかで、経済やビジネスといった現在進行形の事柄のみならず、伝統的な遺産や価値についても関心が急拡大している。インド映画やヨガ、アーユルヴェーダなど入口はさまざまだが、過去を知ることが現在をより深く理解することにつながると多くの人が実感している。それは政治や外交の世界も例外ではなく、戦略書としての『実利論』はまさにそのための絶好のテキストなのである。

こうして本書を世に送り出すことができたのは、文春新書前編集長の前島篤志氏が拙著『第三の大国 インドの思考』に収録された『実利論』のマンダラ外交についてのコラムを高く評価してくださったことがきっかけだ。現編集長の西本幸恒氏も全面的に賛同してくださり、企画が動き始めた。新書編集部の大石正輝さんには、過去二作に続いて今回も担当編集者として大変お世話になった。迅速に、そしてフレキシブルに対応してくださった大石さんの働きがなければ、本書が実現することはなかっただろう。お三方には心から感謝の気持ちを申し述べたい。

二〇二三年八月に富士通フューチャースタディーズ・センターの勉強会で「カウティリヤ『実利論』から読み解くインド・マンダラ外交」をテーマとする講演を行ったことも大きな意味を持っている。谷内《やち》正太郎理事長（元国家安全保障局長・外務事務次官）や谷口智彦氏（元内閣参与、故・安倍晋三元総理の外交スピーチライター）をはじめ多くの出席者から鋭い質問や有益なコメントをいただいた。そこで交わしたやりとりや受けた刺激が、本書の構想や記述に大きな影響を及ぼしている。貴重な機会をいただいたことに感謝している。

資料面では、駒澤大学の図書館に大きく助けられた。駒澤大学は仏教（曹洞宗）系の大学であり、インド思想や古代インド関連の貴重な資料を豊富に所蔵している。本書の執筆に際し参考にした『実利論』やマウリヤ朝時代についての和文・英文文献の一部は、同館所蔵のものである。筆者は駒澤大学の非常勤講師を務めている関係で同大図書館を積極的に活用させてもらっているが、今回特にその有り難みを実感した。記して謝意を表したい。
このほか、一人ひとり名前は挙げないが、『実利論』に限らず政治や外交、社会をはじめ、あらゆる分野で筆者のインド理解を助けてくれた、インド人や日本人、その他各国の先達や仲間、知人に対して深いお礼の気持ちを記して、本書のむすびとする。

笠井亮平

二〇二五年一月二八日

参考文献

〈和文〉

アッリアノス（大牟田章訳）『アレクサンドロス大王東征記（下）付 インド誌』岩波書店（岩波文庫）、二〇〇一年
伊藤融「アルタシャーストラのリアリズム―インド国際政治観の源流―」『防衛大学校紀要』（二〇一五年三月）一〇三―一一九ページ
伊藤融『新興大国インドの行動原理　独自リアリズム外交のゆくえ』慶應義塾大学出版会、二〇二〇年
ヴィシャーカダッタ（大地原豊訳）『宰相ラークシャサの印章　古典サンスクリット陰謀劇』東海大学出版会、一九九一年
ヴェーバー、マックス（脇圭平訳）『職業としての政治』岩波書店（岩波文庫）、一九八〇年
上杉彰紀『インダス文明　文明社会のダイナミズムを探る』雄山閣、二〇二二年
梅棹忠夫『文明の生態史観』中央公論社（中公文庫）、一九九八年
奥山真司『世界最強の地政学』文藝春秋（文春新書）、二〇二四年
カウティリヤ（上村勝彦訳）『実利論　古代インドの帝王学（上下）』岩波書店（岩波文庫）、一九八四年
カウティルヤ（中野義照訳）『實利論』生活社、一九四四年
鹿子生浩輝『マキァヴェッリ――「君主論」をよむ』岩波書店（岩波新書）、二〇一九年
笠井亮平『インパールの戦い　ほんとうに「愚戦」だったのか』文藝春秋（文春新書）、二〇二一年
笠井亮平『「RRR」で知るインド近現代史』文藝春秋（文春新書）、二〇二四年

金谷治（訳注）『新訂　孫子』岩波書店（岩波文庫）、二〇〇〇年
上村勝彦「『カウティリヤ実利論』におけるダルマ・アルタ・カーマ」長尾雅人ほか編『岩波講座・東洋思想7　インド思想3』岩波書店、一九八九年
キッシンジャー、ヘンリー（伏見威蕃訳）『国際秩序』日本経済新聞出版社、二〇一六年
定方晟（訳）『アショーカ王伝』筑摩書房（ちくま学芸文庫）、二〇二四年
ジャイシャンカル、S（笠井亮平訳）『インド外交の流儀　先行き不透明な世界に向けた戦略』白水社、二〇二二年
鈴木真弥『カーストとは何か　インド「不可触民」の実像』中央公論新社（中公新書）、二〇二四年
竹中千春『ガンディー　平和を紡ぐ人』岩波書店（岩波新書）、二〇一八年
辻直四郎『サンスクリット文学史』岩波書店（岩波全書）、一九七三年
中村元『インド史Ⅱ　中村元選集　第6巻（決定版）』春秋社、一九九七年
中村平治『人と思想32　ネルー』清水書院、二〇一四年
西田陽一『戦略思想史入門――孫子からリデルハートまで』筑摩書房（ちくま新書）、二〇二一年
ネルー、J（辻直四郎ほか訳）『インドの発見（上下）』岩波書店、一九五三年
原實「トリヴァルガ」長尾雅人ほか編『岩波講座・東洋思想7　インド思想3』岩波書店、一九八九年
藤井正人「ヴェーダ時代の宗教・政治・社会」山崎元一・小西正捷編『世界歴史大系　南アジア史　1先史・古代』山川出版社、二〇〇七年
古井龍介「アショーカ　ある帝王の生と死後生」姜尚中総監修『アジア人物史　第1巻　神話世界と古代帝国』集英社、二〇二三年

プルタルコス（森谷公俊訳・註）『新訳 アレクサンドロス大王伝 「プルタルコス英雄伝」より』河出書房新社、二〇一七年
ホッブズ（永井道雄・上田邦義訳）『リヴァイアサンⅠⅡ』中央公論新社（中公クラシックス）、二〇〇九年
マキアヴェリ（池田廉訳）『君主論』中央公論新社（中公文庫）、二〇一八年
三田昌彦「南アジアにおける国家形成の諸段階」弘末雅士責任編集『岩波講座・世界歴史4 南アジアと東南アジア ～15世紀』岩波書店、二〇二二年
山崎元一「十六大国からマウリヤ帝国へ」山崎元一・小西正捷編『世界歴史大系 南アジア史 1先史・古代』山川出版社、二〇〇七年
山崎元一『世界の歴史3 古代インドの文明と社会』中央公論新社（中公文庫）、二〇〇九年
渡瀬信之『マヌ法典 ヒンドゥー教世界の原型』中央公論社（中公新書）、一九九〇年
渡邉義浩『孫子――「兵法の真髄」を読む』中央公論新社（中公新書）、二〇二二年

〈英文〉

Bakshi, GD. *Indian Strategic Culture: The Mahabharata & Kautilyan Ways of War*. Gurugram: Garuda Prakashan, 2024.
Boesche, Roger. *The First Great Political Realist: Kautilya and His Arthashastra*. Lanham and Oxford: Lexington Books, 2002.
Bose, Sugata. *His Majesty's Opponent: Subhas Chandra Bose and India's Struggle against Empire*.

Gurgaon: Penguin Books, 2013.

Brown, D. Mackenzie. *The White Umbrella: Indian Political Thought from Manu to Gandhi*. Berkeley and Los Angeles: University of California Press, 1953.

Croke, Vicki Constantine. *Elephant Company: The Inspiring Story of an Unlikely Hero and the Animals who Helped Him Save Lives in World War II*. New York: Penguin Random House, 2014.

Dixit, J. N. *Makers of India's Foreign Policy: Raja Ram Mohun Roy to Yashwant Sinha*. New Delhi: HarperCollins Publishers India, 2004.

Institute for Defence Studies and Analyses. *Indigenous Historical Knowledge: Kautilya and His Vocabulary*, Vol. I, II, III. New Delhi: Pentagon Press, 2016.

Jaishankar, S. *Why Bharat Matters*. New Delhi: Rupa Publications, 2024.

Jansari, Sushma. *Chandragupta Maurya: The Creation of a National Hero in India*. London: UCL Press, 2023.

Kajari, Kamal. *Kautilya's Arthashastra: Strategic Cultural Roots of India's Contemporary Statecraft*. Oxon and New York: Routledge, 2023.

Kangle, R. P. *The Kautilya Arthashastra*, Part I, II, III. Delhi: Motilal Banarsidass, 2014.

McClish, Mark. *The History of the Arthashastra: Sovereignty and Sacred Law in Ancient India*. Cambridge: Cambridge University Press, 2019.

McCrindle, John W. *Ancient India as described by Megasthenes and Arrian*. New Delhi: Munshiram Manoharlal Publishers, 2000.

Menon, Shivshankar. *Choices: Inside the Making of India's Foreign Policy*. Gurugram: Penguin Random House India, 2016.

Mitra, Subrata K. and Michael Liebig. *Kautilya's Arthashastra: An Intellectual Portrait: The Classical Roots of Modern Politics in India*. New Delhi: Rupa Publications, 2017.

Olivelle, Patrick（translation）. *King, Governance, and Law in Ancient India: Kautilya's Arthasastra*. Oxford and New York: Oxford University Press, 2013.

Pande, Aparna. *From Chanakya to Modi: The Evolution of India's Foreign Policy*. New Delhi: HarperCollins Publishers India, 2020.

Pillai, Radhakrishnan. *Corporate Chanakya*. Mumbai: Jaico, 2010.

Pillai, Radhakrishnan. *Chanakya's 7 Secrets of Leadership*. Mumbai: Jaico, 2014.

Pillai, Radhakrishnan. *Chanakya in Daily Life*. New Delhi: Rupa Publications, 2017.

Pillai, Radhakrishnan. *Chatur Chanakya and the Himalayan Problem*. Gurugram: Penguin Random House India, 2017.

Pillai, Radhakrishnan. *Chanakya and the Art of War*. Gurugram: Penguin Random House India, 2019.

Rasgotra, Maharajakrishna. *A Life in Diplomacy*. Gurugram: Penguin Books, 2016.

Saran, Shyam. *How India Sees the World: Kautilya to the 21st Century*. New Delhi: Juggernaut Books, 2017.

Suresh R. *Arthashastra of Kautilya: Relevance in the 21st Century*. New Delhi: Vij Books, 2021.

Thapar, Romila. *Penguin History of Early India: From the Origins to AD 1300*. Gurugram: Penguin Random House India, 2021.

Trautmann, Thomas R. *Kautilya and the Arthasastra: A Statistical Investigation of the Authorship and Evolution of the Text*. Leiden: E. J. Brill, 1971.

笠井亮平（かさい りょうへい）

1976年愛知県生まれ。岐阜女子大学南アジア研究センター特別客員准教授。中央大学総合政策学部卒業後、青山学院大学大学院国際政治経済学研究科で修士号取得。専門は日印関係史、南アジアの国際関係、インド・パキスタンの政治。在インド、中国、パキスタンの日本大使館で外務省専門調査員として勤務後、横浜市立大学、駒澤大学などで非常勤講師を務める。著書に『「RRR」で知るインド近現代史』『第三の大国 インドの思考 激突する「一帯一路」と「インド太平洋」』『インパールの戦い ほんとうに「愚戦」だったのか』（いずれも文春新書）、『インドの食卓 そこに「カレー」はない』（ハヤカワ新書）、訳書にS・ジャイシャンカル『インド外交の流儀 先行き不透明な世界に向けた戦略』（白水社）などがある。

文春新書

1485

『実利論《じつりろん》』 古代《こだい》インド「最強《さいきよう》の戦略書《せんりやくしよ》」

2025年2月20日 第1刷発行

著 者 笠 井 亮 平
発行者 大 松 芳 男
発行所 株式会社 文 藝 春 秋

〒102-8008 東京都千代田区紀尾井町3-23
電話 (03) 3265-1211（代表）

印刷所 理 想 社
付物印刷 大 日 本 印 刷
製本所 加 藤 製 本

定価はカバーに表示してあります。
万一、落丁・乱丁の場合は小社製作部宛お送り下さい。
送料小社負担でお取替え致します。

ISBN978-4-16-661485-1

◆アジアの国と歴史

- 韓国併合への道 完全版 呉 善花
- 侮日論 呉 善花
- 韓国「反日民族主義」の奈落 呉 善花
- 韓国を支配する「空気」の研究 牧野愛博
- 金正恩と金与正 牧野愛博
- 「中国」という神話 楊 海英
- 独裁の中国現代史 楊 海英
- ジェノサイド国家中国の真実 于田ケリム 楊 海英
- 劉備と諸葛亮 柿沼陽平
- 王室と不敬罪 岩佐淳士
- キャッシュレス国家 西村友作
- 性と欲望の中国 安田峰俊
- 戦狼中国の対日工作 安田峰俊
- 日本の海が盗まれる 山田吉彦
- インドが変える世界地図 広瀬公巳
- 反日種族主義と日本人 久保田るり子
- 三国志入門 宮城谷昌光
- 習近平 ラストエンペラー エドワード・ルトワック 奥山真司訳
- 韓国エンタメはなぜ世界で成功したのか 菅野朋子
- 日中百年戦争 城山英巳
- 第三の大国 インドの思考 笠井亮平
- 『RRR』で知るインド近現代史 笠井亮平
- 中国「軍事強国」への夢 劉 明福 峯村健司監訳 加藤嘉一訳
- 台湾のアイデンティティ 家永真幸
- 日本人が知らない台湾有事 小川和久
- 中国不動産バブル 柯 隆

◆さまざまな人生

- 生きる悪知恵 西原理恵子
- 男性論 ECCE HOMO ヤマザキマリ
- それでもこの世は悪くなかった 佐藤愛子
- 僕たちが何者でもなかった頃の話をしよう 山中伸弥・羽生善治・是枝裕和 山極壽一・永田和宏
- 続・僕たちが何者でもなかった頃の話をしよう 池田理代子・平田オリザ 彬子女王・大隅良典・永田和宏
- 安楽死で死なせて下さい 橋田壽賀子
- 一切なりゆき 樹木希林
- 天邪鬼のすすめ 下重暁子
- さらば！ サラリーマン 溝口 敦
- 私の大往生 週刊文春編
- 昭和とわたし 澤地久枝
- それでも、逃げない 三浦瑠麗 乙武洋匡
- 知の旅は終わらない 立花 隆
- 死ねない時代の哲学 村上陽一郎
- イライラしたら豆を買いなさい 林家木久扇
- 老いと学びの極意 武田鉄矢

在宅ひとり死のススメ　上野千鶴子
最後の人声天語　坪内祐三
なんで家族を続けるの？　内田也哉子・中野信子
百歳以前　徳岡孝夫・土井荘平
迷わない。完全版　櫻井よしこ
東大女子という生き方　秋山千佳
毒親介護　石川結貴
トカイナカに生きる　神山典士
美しい日本人　文藝春秋編
70歳からの人生相談　毒蝮三太夫
ペットロス　伊藤秀倫
ヤメ銀　秋場大輔

◆食の愉しみ

発酵食品礼讃　小泉武夫
発酵食品と戦争　小泉武夫
毒草を食べてみた　植松　黎
中国茶図鑑　工藤佳治・俞　向紅　丸山洋平・写真
チーズ図鑑　文藝春秋編
食の世界地図　21世紀研究会編
一杯の紅茶の世界史　磯淵　猛
辰巳芳子 スープの手ほどき 和の部　辰巳芳子
辰巳芳子 スープの手ほどき 洋の部　辰巳芳子
新版 娘につたえる私の味 一月～五月　辰巳浜子・辰巳芳子
新版 娘につたえる私の味 六月～十二月　辰巳浜子・辰巳芳子
小林カツ代のお料理入門　小林カツ代
一生食べたい カツ代流レシピ　小林カツ代・本田明子
歴史の中のワイン　山本　博
農業新時代　川内イオ
農業フロンティア　川内イオ
世界珍食紀行　山田七絵編
ルポ 食が壊れる　堤　未果
80代現役医師夫婦の賢食術　家森幸男
美味しいサンマはなぜ消えたのか？　川本大吾

文春新書のロングセラー

磯田道史
磯田道史と日本史を語ろう
日本史を語らせたら当代一！　磯田道史が、半藤一利、阿川佐和子、養老孟司ほか、各界の「達人」を招き、歴史のウラオモテを縦横に語り尽くす
1438

エマニュエル・トッド　大野　舞訳
第三次世界大戦はもう始まっている
ウクライナを武装化してロシアと戦う米国によって、この危機は「世界大戦化」している。各国の思惑と誤算から戦争の帰趨を考える
1367

阿川佐和子
話す力
心をつかむ44のヒント
初対面の時の会話は？　どう場を和ませる？　話題を変えるには？　週刊文春で30年対談連載するアガワが伝授する「話す力」の極意
1435

牧田善二
認知症にならない100まで生きる食事術
認知症になるには20年を要する。つまり、30歳を過ぎたら食事に注意する必要がある。認知症を防ぐ日々の食事のノウハウを詳細に伝授する！

1418

橘　玲
テクノ・リバタリアン
世界を変える唯一の思想
とてつもない富を持つ、とてつもなく賢い人々が蝟集するシリコンバレー。「究極の自由」を求める彼らは世界秩序をどう変えるのか？
1446